阅读日本
书 系

近代日本的
国家构想

（一八七一——一九三六）

〔日〕坂野润治 著

崔世广 王俊英 译

笹川日中友好基金
The Sasakawa Japan-China Friendship Fund

社会科学文献出版社
SOCIAL SCIENCES ACADEMIC PRESS (CHINA)

KINDAINIHON NO KOKKA KOSO, 1871 – 1936

by Junji Banno

© 1996 by Junji Banno

First published 1996 by Iwanami Shoten, Publisher, Tokyo.

This simplified Chinese edition published 2014

by Social Science Academic Press (China), Beijing

by arrangement with the proprietor c/o Iwanami Shoten, Publisher, Tokyo

本书中文简体版根据岩波书店 2013 年版译出，版权所有。

阅读日本书系编辑委员会名单

委员长　谢寿光　社会科学文献出版社社长

委　员　潘振平　三联书店（北京）副总编辑

张凤珠　北京大学出版社副总编辑

谢　刚　新星出版社社长

章少红　世界知识出版社副总编辑

金鑫荣　南京大学出版社总编辑

事务局组成人员

杨　群　社会科学文献出版社

胡　亮　社会科学文献出版社

梁艳玲　社会科学文献出版社

祝得彬　社会科学文献出版社

目 录

ontents

序 言 001

第一章 强兵、富国、民主化

　　——从"以革命为目的"到"以立国为目的" 001

前 言 001

第一节 维新目的的再定义与新攘夷论的挫折 004

第二节 "开发"与"民主化" 022

结 语 036

第二章 三种立宪政体构想

　　——以英国模式为中心 039

前 言 039

第一节 明治初期的井上馨——以其立宪政体论为中心 043

第二节 福泽谕吉的两大政党论 077

第三节 德富苏峰的议院内阁制论 089

第三章 《明治宪法》体制的三种解释 108

前 言 108

第一节 大权政治 114

第二节 内阁政治 123

第三节 民本政治 133

第四章　政党政治的形成与崩溃 ⋯⋯⋯⋯⋯⋯⋯⋯⋯⋯140

前　言 ⋯⋯⋯⋯⋯⋯⋯⋯⋯⋯⋯⋯⋯⋯⋯⋯⋯⋯⋯⋯140

第一节　民本主义的时代——政党内阁时代的体制构想 ⋯⋯⋯⋯141

第二节　举国一致内阁时期的体制构想

　　　　—— 立宪独裁、联合内阁、宪政常道 ⋯⋯⋯⋯⋯⋯161

岩波现代文库版后记 ⋯⋯⋯⋯⋯⋯⋯⋯⋯⋯⋯⋯⋯⋯⋯190

序　言

本书试图将日本一八七一年废藩置县以后至一九三六年二·二六事件发生前的大约六十五年间的政治史，作为政治家、思想家围绕政治体制构想，相互对立、斗争的过程来进行描述。

之所以把分析的时代限定在这六十五年，是因为在这六十五年间，日本的立宪政治在一定程度上获得了人们的尊重，由初期应该引进的制度，最终成为应该维护的制度。代表初期立宪政治构想的，我们可以举出第一章将进行分析的木户孝允一八七三年起草的意见书，即"在文明之国，虽有君主却不擅权专制……为有司者亦保一致协和之民意……人民也戒其超制，有议士者凡事验查，抑制有司随意臆断。此乃政治之美之所以也"①。本书之所以把一九三六年发生的二·二六事件视为立宪政治的终结，是因为从五·一五事件到二·二六事件这段时期，日本还处在举国一致内阁时代，议会制度尚未从正面被完全否定。关于举国一致内阁时代，我将于第四章的第二节中具体阐述自己的看法，在这里先引用一段二·二六事件发生一年后，回顾事件发生前的举国一致内阁时代的一段文章。

从五·一五到二·二六的四年间，政界经过斋藤、冈田两届内阁逐渐变得无所作为，即政府与政党都在通过政治上的后退来回避与军部的冲突，另一方面，又试图通过军队内部的整肃工作使政治逐步回到正常轨道上来。四年来政界一直处在这样的不抵抗状态，往坏里说即多一事不如少一事的消极主义状

① 木户公传记编纂所编《松菊木户公传》下卷，明治书院，1927，第 1564～1565 页。

001

态。……然而，以二·二六事件和广田内阁的成立为契机，军部在事实上展示了其操控政治的能力，从内阁组织的形式到新内阁的施政纲领，如果不采纳军部的主张，任何内阁都无法成立。既然政党内阁遭到排斥，那么即便是中间内阁也得考虑军部的意向。①

这段引文的分析尽管有些呆板，但是可以解释本书将分析的范围限定在二·二六事件发生前的理由。本书把立宪政治由萌芽到终结的这一过程作为分析对象，从一八七一年写起，止于一九三六年，应该是恰当的。

下面，再来谈谈我以"政治体制构想"为基轴，对这六十五年展开分析的意图。

如果以政策对立为基轴来分析日本的政治史，那么，各种政治势力之间的差异便会变得不那么显著。譬如，在在野党时代反对增税的政党，成为执政党以后便会断然实行增税政策，这样的情况在战前②的日本屡见不鲜。可以说，不论是藩阀政府与民权派政党的对立，还是政党之间，诸如政友会与民政党的对立，都并非本质上的对立。

反过来，如果以运动为基轴来审视日本政治史的发展，那么，体制与反体制、执政党与在野党之间的差异就会被描述成一种水火不相容的东西。如果站在这样的角度看问题，那么在十九世纪八十年代曾经与藩阀政府展开正面对决的自由党，在九十年代却加入伊藤博文内阁成为执政党，这样的事态就只能理解为"转向"或是"背叛"。一九〇〇年，当自由党与以伊藤博文为总裁的立宪政友会合流之际，幸德秋水说过一段非常有名的话，典型地代表了这种看法。他说："岁在庚子八月某夜，金风淅沥，露白天高之时，一

① 寺池净：《新政党运动的展望》，《改造》19 卷 3 号，1937 年 3 月，第 259～260 页。
② 本书的战前统指 1945 年日本战败以前。——编者注

星忽然坠地有声，呜呼，自由党死矣，而其光荣历史全被抹杀。"①
事实上，正如我在第二章第三节中所分析的那样，自由党在一八八
七年至一八九四年的这段时间内已经渐进地发生着变化，到
一九〇〇年已经根本不再拥有什么"光荣的历史"。

　　现实当中的政治史，既不像以政策的对立为基轴所分析的那
样，是一种可计划、可协调的东西，也不似以运动为基轴所描述的
那样，是一种富有戏剧性的东西。各种政治势力及其代言人，会在
相当长的时期内维持自己独自的政治形象，但另一方面，对于日常
政治生活当中发生的事件，他们又都会采取相当灵活的姿态来对
应。本书试图将在计划性协调与戏剧性转换之间所出现的中长期对
立与短期妥协的过程，当作各种政治势力及其理论家们的政治体制
构想的对立与妥协过程来加以描述。

　　描述"政治体制构想"的对立，也就意味着要描述这六十五
年间围绕立宪制或是民主制而形成的保守、稳健、革新的三极对
立。论及一八八〇年前后的立宪政体构想，恐怕大家都会将井上
毅、福泽谕吉、中江兆民三人分别视作保守、稳健、革新三种政治
势力的代表。然而，在实际的政治史的分析中，这一三极结构却并
未得到人们充分的重视。有学者将一九〇〇年到一九二〇年的政治
史看成山县派阀与政友会对立的历史，这是仅从保守与稳健对立的
视角来看待政治史。相反，也有人把一八八〇年代的政治史作为藩
阀政府与自由民权运动对立的历史来把握，这是忽略了属于中间势
力的稳健派，仅将保守革新对立作为研究政治史的切入点。与前述
两种研究方法不同，本书将立宪政体构想作为分析的基轴，并尽可
能始终如一地从保守、稳健、革新三极势力的对立中去把握战前日
本政治史的发展。即便是在分析穗积八束的天皇亲政论与美浓部达
吉的天皇机关说的时候也没有偏离这条主线，尽管他们有关《明
治宪法》解释的论争很容易被人们理解为二元对立。也就是说本
书将北一辉、吉野作造作为第三革新派宪法论的代表人物，放在了

---

① 《万朝报》1900 年 8 月 30 日号，《幸德秋水全集》第二卷，明治文献，1970，第 423 页。

与穗积、美浓部对立的位置上。

不过，虽说重视三极结构，但我在大部分时候还是将本书的重心放在了对稳健派的分析上，理由有二。第一，在二元论政治对立的分析中被忽略掉的往往都是稳健派。如果说保守派主张的立宪制的范本是德国，革新派的范本是法国或者苏联的话，那么可以说极易被人们忽略掉的就是以英国立宪制为范本的稳健派了。本书的中心人物井上馨、福泽谕吉、德富苏峰、吉野作造、松冈驹吉等都是在各自不同时代以英国政治为范本的人。虽然不能说是贯穿了本书的全部，但作为一个大致上的框架，以主张英国政体的稳健派为主线，从围绕立宪政体构想而形成的保守、稳健、革新三极对立的视角来描述六十五年间的政治史，可以说是本书的课题。

以稳健派为主线分析战前日本的政治史，还有一个理由，就是我个人在最近十余年间萌生出来的对于稳健派的兴趣，即我很想知道，所谓的稳健派，究竟只是对左右两个极端的反对，还是其原本就有自己独立的政治立场。如果稳健派的主张本身即代表着其独立的政治立场，那么社会主义体制的崩溃对于他们而言应该不是一件值得悲悯的事情。他们应该对自己稳健派的立场更有自信才对。然而，在这十年中日本所发生的事情似乎表明稳健派的自信在丧失，在衰退。社会主义者不复存在了，接下来如果稳健派也销声匿迹的话，日本的政治该会如何发展，这种不安在自己的历史分析中也曾流露出来，或许就是这种不安才促使我最终将关注的目光投向三极结构中的中间一极。

上面谈到了自己的兴趣受到近十年来日本政治变化的影响，而本书即是对自己在一九八五年至一九九五年十年中利用各种机会发表的论文的重新整理和归纳。书中有些部分是原文的保留（第一章以及第二章的第一节），有些则是在原文的基础上进行了大幅度的修改。下面所列举的是本书各章的论文原型。

第一章　《明治日本的"立国过程"》，坂本义和编《世界政治的结构变动》第三卷，岩波书店，一九九四年。

第二章第一节　《明治初年的井上馨》，福地惇、佐佐木隆编

《明治日本的政治家群像》，吉川弘文馆，一九九三年。

第二章第二、三节　《政治自由主义的挫折》，《岩波讲座 日本通史》第十七卷，岩波书店，一九九四年。

第三章第一、二节　《作为历史前提的钦定宪法体制》，东京大学社会科学研究所编《现代日本社会》第一卷，东京大学出版会，一九九一年。

第三章第三节　《战前日本的"社会民主主义""民主社会主义""企业民主主义"》，东京大学社会科学研究所编《现代日本社会》第四卷，东京大学出版会，一九九一年。

第四章　《政党政治的崩溃》，坂野润治、宫地正人编《日本近代史中的转换期研究》，山川出版社，一九八五年。

这些论文，每篇都会牵出一些回忆。按论文发表年代，第四章最早。《日本近代史中的转换期研究》是我与宫地共同组织的、从事日本史研究的学者与从事比较政治学研究的学者们的共同研究成果。说得再确切一点，这是研究日本史的学者与以日本史及西欧史为研究对象的政治学领域的学者们，试图对战前日本的政治史进行分析的一部著述。从事日本史研究的，除了两名编者以外，还有国际基督教大学的威廉姆·斯蒂尔以及现在隶属于京都大学法学部的伊藤之雄。以日本史为研究对象的政治学学者，有千叶大学的宫崎隆次、都立大学的御厨贵（现就职于东京大学）和现今就职于独协大学的森山茂德。以西欧史为研究对象的政治学学者，则有东京大学法学部的马场康雄和高桥进参加写作。在十年后的今天来看，如此阵容有点难以想象，但在当时我才四十来岁，所以每个人都能够从各自专业的观点出发，毫无顾忌地相互指出研究中存在的问题。如今我依然会时不时地想起这个研究会，真是一段难得的体验。

作为构成第三章的两篇论文，是我作为东京大学社会科学研究所"整体研究"的一员时执笔写成的。"整体研究"是东京大学社会科学研究所的一块招牌。与大学学部里老师要承担教学任务一样，在本研究所里参加共同研究、撰写论文也被视为义务。这种对共同研究的重视，也有批评认为它阻碍了个人的自由研究，但是于我而言，这对于自己专业领域的拓展起了相当积极的作用。在这一点上，前述山川出版社的共同研究也是一样的。我相信，对于人文、社会科学的专家来说，以跨学科研究之名与别的学派进行切磋，对于扩大自己专业领域内的视野是非常有效的。

第二章的第一节是为了纪念伊藤隆六十岁生辰特意撰写的。回想起来，在我从事日本近代史研究的过程中，伊藤一直是我的指导教师。他不仅手把手地教我学习实证主义史学，而且在艰难的求学时代，还帮我介绍能够赚钱的工作。因为这篇文章是怀着感恩的心情撰写的，所以在本次收录之际，我觉着大部分内容没有修改的必要。

第二章的第二、三节，是对前述《政治自由主义的挫折》一文做了大幅度的增补和修改之后形成的。之所以这样做，最大的原因，是我对德富苏峰的政治自由主义的评价有了很大的改变。仅仅时隔两年，评价就有如此大的变化，也许听起来会使人感觉奇怪，但实际上早在这篇论文完成的当时，我自己就已经感到有些困惑。在论文的最后，我当时写了这样几句话：

> 第二点，苏峰的思想与我原来的预想截然不同，这让我颇感意外。在分析的过程中，有好几次我对自己产生了怀疑，觉得我是在硬要把苏峰与福泽、吉野等人区别开来。如今，在将这篇论文付梓之际，依然有一些疑点令我难以释怀（《岩波讲座 日本通史》第十七卷，第296页）。

尽管我常常提醒自己，在分析历史人物的时候，应该抛开日本近代历史研究的常识和偏见，要自由地、用自己的眼睛去看、去评价这个人物，但是对于像德富苏峰这样一个在后世恶名昭著的人物，我还是心存偏见，认为他不应该是一个能够与福泽谕吉和吉野作造相提并论的、主张英国式议院内阁制的论者。为了解开这些让自己"难以释怀"的疑虑，在完成论文的第二年即一九九五年上

序　言

半年，在研究生院的研讨班里，我与助手及研究生一道研读了一八八七年到一八九四年出版的《国民之友》杂志。研讨班结束后又与有志者一道共同成立了"明治立宪政治研究会"，研讨班得出的结论作为研究会的共同研究成果，应该会在本书出版发行之前面世（《明治立宪政治的形成过程——《国民之友》的议院内阁制论（一）（二）》，《社会科学研究》四十八卷一·二号）。在本书中，我加入了共同研究中自己执笔的部分，对《政治自由主义的挫折》一文中的苏峰论做了修正。

第一章是坂本义和教授为纪念他六十岁生辰而编辑出版论文集时，我在其中的一册中撰写的文章。如果是通常的还历①纪念论文集，像我这样在学生时代与老师没有接触过的人是不应该参与的，但是因为坂本教授在他亲自编辑的《世界政治的结构变动》一书中，要将我这个日本史研究者撰写的明治政治史收录进去，所以可以另当别论。老师也是出于不同学派间互相切磋的考虑，费了不少的心思。所以，这次我在收录的时候，没有做任何改动。

最后，多亏了岩波书店伊藤修的宽容和督促，我才能够对收录的各篇论文进行增补修正，并使其在逻辑上具有一定的连贯性。在我杂务缠身的时候，伊藤从不会说任何催促的话，但如果我从杂务中解脱出来，第二天他便会来督促我。这让我再次深切地感受到，光靠著者一个人是无法成书的。

我已经到了退休的年纪，再写几本书已不大可能了。在此，谨以此书献给我的妻子和孩子，尽管这有悖于日本古来的淳风美俗。

一九九六年七月二十四日

著　者

---

①　还历指六十岁。

第一章　强兵、富国、民主化

——从"以革命为目的"到"以立国为目的"

前　言

本章拟将一八七一年废藩置县到一八八一年"明治十四年政变"这十年视为近代日本的"立国过程"，试图通过分析来揭示其特征。使用"立国过程"这一并非耳熟能详的词语，是想表现"革命"与"建设"二者复杂纠葛的过程。"建设"一词很容易让人联想到现实主义的政治指导，然而这十年并非这样的过程。每一位指导者都基于自己对明治维新这一"政治革命"所寄托的理想，从自身观点出发，提出具体的政策主张。[①] 因此，那些乍看上去最为现实的政策，对于提倡者而言其目的也只是实现他们自己的理想。反过来，那些看似荒诞无稽的观念性政策，也曾被当作有可能实现的梦想而得到一部分人的提倡。倡导由政府主导实现工业化，是属于前者的典型事例；而一八七四年出现的对清国开战论，则是属于后者的典型例子。前者因无视日本的经济实力断然实行，故不能不受挫于现实的经济状况。而后者虽然由于政府的反对而放弃，但其提倡者从武器的筹措到形成有利于战争指导的国内体制，都做了充分的谋划和运筹。

工业化和民族主义并不是明治维新"革命目的"的全部。一八六八年王政复古以后，在天皇宣誓的五条誓文中，就明确约定

[①] 关于作为"政治革命"的明治维新，可参阅马场康雄、坂野润治《作为政治变革的明治维新》，坂野润治、宫地正人编《日本近代史中的转换期研究》，山川出版社，1985，第 8 页。

了要推动"自上而下的民主化"。将其视为维新理想的那些人，在一八七二年至一八七三年前往欧美视察之后，主张将"五条誓文"细致化，使之升华为宪法。一言以蔽之，工业化、民族主义与民主化，曾经是"革命"以后明治政府试图作为"立国"基础的理念。

问题在于，明治维新的指导者们并没有将这三个"立国"的理念统合起来，也没有对此达成共识。有人看重民族主义，倡导征韩论，断然出兵台湾，主张为日清战争（即中日甲午战争）做准备；有人则重视民主化，推动天皇在一八七五年四月做出渐次实行立宪政治的约定；有人则以大藏省、工部省、内务省为据点，开始了政府主导下的工业化进程。

不难想象，这三个"立国理念"显然是无法同时进行的。一方面，在东亚挑起战端的同时，还要推进国内的工业化进程，没有相当雄厚的经济实力是很难实现的。另一方面，在制定宪法、引进议会制的同时，又要由政府主导强行推进工业化，这也不是可以同时兼顾的。议会或许在其后的某一个时点会对政府主导的工业化给予理解，但是在开设当初，议会主张减税、削减工业化财源，是完全可以预想到的。

民族主义与民主化，未必在任何国家的"立国过程"中都能够并行。明治维新是"武士的革命"，而非"农民的革命"，所以，民族主义虽然是萨、长、土、肥等倒幕诸藩"革命军"的主张，却不是征兵制下新招收进来的农民兵的主张。一八七三年发生的农民起义源于对对外战争动员的恐惧，从这个意义上来说是极其重要的。如此看来，"民族主义"这个极易让人联想到能够得到国民广泛支持的词，或许不太恰当。所以，本书把打着"尊王攘夷"旗号、推翻幕府的革命军所支持的民族主义，称为"新攘夷"。

这样，"民族主义"与"民主化"，在本章所探讨的"立国过程"中，毋宁说是一种二律背反的关系。"民主化"前进一步，"新攘夷"就得后退一步；反之，东亚局势趋紧，"民主化"就会被冻结起来。

　　本章的第一节，将对一八七三年到一八七七年这一时期进行分析。这一时期，在明治维新的指导者中，已经有人自觉地意识到了"工业化""民族主义"以及"民主化"是相互背反的。在分析的过程中，有一点我们应该特别留意，即在"工业化""民族主义""民主化"三种立国理念的相互对立中，任何一个集团都拒绝在自己信仰的"革命目的"方面做出让步。从具体政策而言，这三个"革命目的"分别说的是经济政策、国防政策和政治改革的问题，不属于同一个层次，所以即使不能同时进行，但在优先顺序上，应该是有妥协余地的。然而，无论是大久保利通与大隈重信集团，还是西乡隆盛与桐野利秋集团，抑或是木户孝允与井上馨集团，以及"民主化"主张比木户还要激进的板垣退助集团，都主张自己提出的政策课题最为优先，一步都不肯退让。这是因为，他们的对立既是政策课题的对立，也是意识形态的对立。在上述三种抑或四种意识形态的对立中，最为重视"民族主义"的第二集团，先由于西南战争的失败而最先销声匿迹。第一节即写到这里为止。

　　"新攘夷派"败退以后，工业化派与民主化派展开了竞争，先是工业化派在现实的经济问题面前败下阵来，接着坚持到最后的民主化派也在"明治十四年政变"中彻底败北。在接下来的第二节中，我们将对这一过程展开分析。由此可以看出，从一八七七年到一八八一年的四年间，将上述三个政策课题视为自己的"革命目的"并试图实现的指导者们都遭受了挫折。三者三种挫折，一方面缘于三者三种意识形态的相互对立，另一方面也是由于他们各自信奉的"革命目的"与对外的、经济的、政治的现实之间存在矛盾。但是，具有讽刺意味的是，把"工业化""民族主义""民主化"视为各自"革命目的"的维新指导者们当时虽然都遭受了挫折，而在十九年后，日本却出现了"富国"与"强兵"并立、"富国强兵"与"立宪君主制"并立的情形。在一八九四年到一八九五年的日清战争前后，日本成功地实现了"工业化""民族主义""民主化"三大课题之间的调整。与此同时，在"立国过程"中出现过的激烈的意识形态对立，也消失得踪影全无。[1]

总而言之，分析近代日本国家形成之际，处于"革命"与"定型"之间复杂而又充满波澜的"立国过程"，是本章的课题。[2]

第一节　维新目的的再定义与新攘夷论的挫折

经过一八七一年的废藩置县，明治政府将全国的军事力量和租税集中了起来。政府的这一举措成效如何，自然备受人们的关注。如果将各藩的军事力量集中到中央，而国防力量却没有得到任何加强，那么所谓的中央集权化就会变得毫无意义。如果中央政府将各藩的年贡征收权收归己有，导致工业化停滞，农民生活毫无改善，那么，中央集权化恐怕就会被兴师问罪了。更何况，明治政府本身的正统性还处在遭受质疑的境地。明治政府所掌握的财源和军事力量的规模，各藩自不必说，就连德川幕府也是无法企及的。如果政府可以不受任何约束地行使权力，那么日本历史上就可能会出现一个前所未有的专制国家。因此，强化国防力量、向国民返还"工业化"的利益，以及抑制中央政府的专制，就成了废藩置县后明治政府面临的三大课题。

而且，如前所述，"强兵"、"富国"与"公议舆论"，都是幕末"革命过程"中人们所追求的"革命目的"，所以，明治政府面临的三大课题都不是单纯的政策问题。一般情况下，在这三大课题无法同时实现的情况下，政府内部应该会有一个优先顺序的调整。围绕优先顺序的排列，各势力之间的对抗有时可能会变得相当激

---

[1] 当然，在"革命"与"定型"之间，也有"立国过程"最后阶段的议会开设前后的数年时间，本书将在第二章第三节中对其进行分析。

[2] 另外，从将"政治体制论"作为分析中心的本书的整体结构而言，对"政体论"不持立场的"新攘夷派"的确不在其列，但是"新攘夷派"曾经拥有过很庞大的势力，这也可以说是西南战争以前日本政治的一个显著特征。

烈，但是，通常情况下最终都会达成某种妥协。

然而，从一八五三年佩里来航到一八七一年废藩置县，在这十八年的"革命历程"刚刚结束的一八七〇年代，"三大课题"却不只是政策层面上的优先顺序问题，它同时也是指导者们各自所信奉的"革命目的"的优先顺序问题。因此，追求"强兵"目标的人，与追求"富国"目标的人，以及重视"公议舆论"的人，他们之间的对立非常尖锐。在这个意义上，可以说从一八七三年到一八七七年的这段时间，明治政府面临着重大的危机。

"危机"的发端，始于明治政府试图通过实行征兵制来解决第一个"强兵"的课题。山县有朋、川村纯义、西乡从道等陆海军首脑共同拟定了一个方案，主旨是以萨、长、土三藩为中心，将讨幕诸藩的军队集结起来，成立近卫军和常备军，再通过征兵制建立一支用于对外战争的预备军。一八七一年末三人联名向太政大臣提交了一份建议书，文中论述道：

> 所谓预备兵者，并非常在军队之中。平时放其回家，一旦有事，即可调发差遣。欧洲各国皆有此兵，而普鲁士最多，全国男子皆兵，此事无人不晓。近年与法兰西交战而获大胜者，盖因预备兵力充足。[1]

既然把普法战争中德国胜利的原因归结为彻底的征兵制，这就足以说明征兵令的颁布是为了对外战争。

然而，从一八七三年五月到七月，关西以西地方发生了多起由农民组织的反对征兵的起义，起义的原因是农民对海外派兵的恐惧。在压制农民起义方面成功地做到了防患于未然的爱媛县曾出了这样的一则告谕。

> 有人认为一旦参军即被送往外国，抑或以为征兵乃为征伐

---

[1] 大山梓编《山县有朋意见书》，原书房，1966，第44页。

朝鲜台湾之故。但此番征兵乃为非常之预备兵，与今日镇台分营之军队不同，此事不可不知。[1]

爱媛县的这份告谕，与前面山县等人提出的意见书的意图正好相反。根据山县等人的建议，在全国六个地方设置的"镇台"，是以"镇压国内"为目的的常备兵，而通过征兵募集来的"预备兵"，则是为了"防备外部"。看来，揭竿而起的农民对征兵制意图的理解，比地方官员更为准确。

政府剥夺了武士的特权，意图实行全民皆兵，却遭到了国民的反对，这当然让士族（旧武士）恢复了自信。一八七四年七月，和歌山县和高知县士族联名向左院提交了"以士族充兵之建议"，论述了征兵募集的农民兵不可依靠的原因。

> 至于兵农一致之意图，虽为我皇国取舍欧洲之政治，集其善而大成者，然毕竟以皇国人民而论，除华士二族之外，尚知气节、廉耻者少。文盲不学不知爱国为何物，观卒然应募者，怨惧至极，亲戚为之哀怜，叹乍然失去子弟。应招者离家之际，亲子兄弟皆携手涕泣。此等何以能应不急之用？[2]

并非出征，只是被征兵入营，一家亲族就已泪水涟涟，这样的一伙人在实战中如何能发挥作用呢？"爱国"只是士族的专利，这是明治维新的一个特征。

这样，因为"血税起义"重新恢复了自信的士族们，为了彰显士族兵的有用性，开始努力试图将东亚纷争发展为战争。紧接着，在八月份，爱媛县一名武士在写给太政大臣的建议书中也主张，政府如果想让国民信服，"一战而胜，去除外患"是最好的办

---

[1] 土屋乔雄、小野道雄编《明治初年农民骚扰录》，南北书院，1931，第501页。
[2] 色川大吉、我部政男编《明治建白书集成》第三卷，筑摩书房，1986，第581页。

法。但是战争的胜败事关国家命运，故"堪当兵之任者，唯有士族"[1]。

一八七三年十月的征韩论争、一八七四年五月的出兵台湾、一八七五年九月的江华岛事件，这一连串对外事件的背后，都是上述农民与士族，围绕征兵制所采取的不同应对态度在起作用。

而且，这些东亚政策涉及的问题与明治维新的"革命目的"也有直接的关联。在一八六八年戊辰战争中打垮幕府军、萨摩藩的官兵里，有不少"新攘夷"论者，他们试图以成为东亚盟主来取代过去针对欧美的"攘夷"。早在废藩置县的第二年（一八七二年），熊本镇台司令长官桐野利秋和镇西镇台鹿儿岛分营营长桦山资纪等人就提出出兵台湾的主张；[2] 一八七三年，作为开拓次官、经营北海道的黑田清隆也主张出兵桦太。他们都是岩仓使节团出访欧美时，负责留守政府的参议兼近卫都督西乡隆盛的属下。值得注意的是，桐野和黑田向西乡隆盛提出出兵台湾和出兵桦太的时候，采取的是要求实现"革命目的"的形式。一八七三年八月，西乡隆盛写给太政大臣的书函，成了征韩论分裂的导火索。在书函中，西乡写道：

> 近来副岛氏归朝，谈判之巨细想已知晓，故出兵台湾一条也请速做定夺。世上议论纷纷，我亦收到数人上书，毕竟正名分条理之道，在于讨幕之根本、御一新之根基，故如今不能正其道理，即便被人指责为全是好事的讨幕，也只有保持缄默。[3]

这封信的前半部分指的是，从一八七三年四月到五月，外务卿副岛种臣赴清国，就琉球漂流民在台湾遇害一事与清廷交涉，最终

---

① 《明治建白书集成》第三卷，第784页。

② 《宫岛诚一郎关系文书》所收《养浩堂私记》，国立国会图书馆宪政资料室所藏。

③ 板垣退助监修，远山茂树、佐藤诚朗校订《自由党史》上，岩波文库，1957，第65页。

没能从清廷那里得到愿意承担责任的答复，由此引发了日本国内台湾出兵论的高涨。重要的是后半部分，即台湾出兵论者在要求西乡果断派兵的时候，提出了"讨幕之根本、御一新之根基"，强调如果不能断然出兵台湾，就成了"全是好事的讨幕"，这让西乡无言以对。军部与士族在一八七三年的征韩论争、一八七四年的出兵台湾主张、一八七五年的江华岛事件中所持的论调，比政府在东亚政策中要求实现所谓"讨幕之根本、御一新之根基"的"革命目的"的态度更为强硬。

如果抛开这种"革命意识形态"，从具体的国防政策的层面考虑的话，在征兵制得到完全落实、海军力量得到加强之前，应该避免对外战争。陆军卿山县有朋即持这种观点。[1] 但问题在于，位居要害的海军首脑部门把对清国开战视为"讨幕之根本"。这一点在出兵台湾之际表现得非常明显。一八七三年十月在征韩论分裂之后，陆军内部的对外强硬派追随西乡返回鹿儿岛，一八七四年就发生了出兵台湾一事。为了做好出兵台湾的善后工作，大久保利通赴北京与清廷进行了谈判，而在谈判尚未结束的九月末，海军大辅（次官）川村纯义向太政大臣递交了一份意见书，其中有如下一节。

> 两军统帅人选如何之朝议虽不可预测，但在下斗胆进言，可为元帅者，当推陆军大将西乡隆盛。一旦有与清朝谈判破裂之消息来，祈望朝廷速派勒使前往浪华传召，由天皇陛下亲自委以海陆元帅之特权。[2]

这份意见书从不同的角度来看，具有重要的价值。它传递出来的信息有：第一，海军次官在一八七四年这个时点上就曾经打算要发动战争。第二，在对清国开战之时，拟推举的陆海两军最高责任

---

[1] 早稻田大学社会科学研究所编《大隈文书》第一卷，1958，第75页。

[2] 《三条家文书》50条中第9条，1874年9月24日，国立国会图书馆宪政资料室藏。

第一章　强兵、富国、民主化

人，为前一年因征韩论分裂而擅自率兵回到鹿儿岛的西乡隆盛。第三，不论是前一年的征韩论，还是当年的出兵台湾主张，可以推测其最终目标均是发动日清战争。在幕末曾经下定决心要与欧美列强一战的"攘夷"志士们，一旦"革命"成功，即热衷于向中国台湾、朝鲜出兵，这种落差实在是太大了。他们可能觉得，如果不与东亚第一大强国清国开启战端，决定谁是东亚盟主，就与"讨幕之根本、御一新之根基"这样的表现不相符合。在一八七四年，当时明治政府内部的强硬派打算重新请回西乡隆盛，向清国宣战，这对于我们了解"新攘夷"论的性格有着非常重要的意义。

从这个观点来分析时，同一时期，任参议兼开拓长官、职位仅次于大久保利通和西乡隆盛的萨摩派重要人物黑田清隆提交给太政大臣的建议，也具有不可忽略的重要价值。尽管篇幅较长，我们还是引用如下。

> 和战之议已决，如大久保大臣飞信一到，即刻彰明清政府之无理，大鸣其罪，将其宣知内外，且基于万国公法参照交战条规决定其处分，速发王师猛攻快击，使其无防御之暇。……由天皇陛下亲自统御军务之大本（即大元帅），速下亲征之诏，要使全国人民方向归一。奉戴圣旨统辖军务乃元帅之任，应以三条太政大臣任之。辅翼元帅部署全军策划攻击之方法，此任最为紧要。故至和战决议之日，应速遣敕使，召回西乡隆盛大将及木户从三位、板垣正四位，与山县参议、伊地知（正治）两参议、山田陆军少将（显义，前东京镇台司令长官）、海军省四等出仕，伊集院兼宽等共任之，另设一局（所谓参谋局），专门负责谋议战略。……现今以不满十艘军舰为此大举，必须设立预备舰队。国内现有汽船，包括各省所辖及人民私有共百余艘，从中挑选最坚固者，可得五分之一。[1]

---

[1] 《三条家文书》50 条中第 11 条，1874 年 9 月，国立国会图书馆宪政资料室藏。

我们从资料的结尾开始分析。第一，建议书称欲以区区十艘军舰和二十艘商船破清政府海军，使陆军能对清登陆作战。陆军卿山县有朋曾经回应："今若与清国干戈相向，陆军所需诸般供给之准备，有朋无力应对。"[1] 如果按照山县有朋的观点来看问题的话，是不会出现通过征用商船来击败清国海军这种想法的。也就是说，对于黑田而言，对清国开战与其说是国防政策，毋宁说是"讨幕之根本、御一新之根基"。第二，在讨论对清作战兵力部署的问题上意识形态优先的黑田，在建构国内战争体制的提案方面，却持现实主义的态度。不仅有因征韩论而下野的西乡隆盛，还有一八七四年一月向左院提出"设立民选议院建白书"、成为"自下而上民主化"路线代表人物的板垣退助，以及因反对出兵台湾而辞去参议一职的长州的木户孝允，对于这些人，黑田都主张让他们回归政府，担当起"参谋局"的大任。这完全是一种举国一致的总力战体制构想。第三，既然作为"征夷大将军"的将军已经不复存在，那么，战争的最高责任者，就只有作为"大元帅"的天皇了。黑田提议，由天皇出任大元帅，太政大臣任"元帅"，大久保、西乡、木户、板垣等萨、长、土旧三藩的实力人物就任"参谋局"，形成举国一致体制，派遣军舰，挑选结实坚固的商船参战，一举打败清朝。可以说，发动日清战争是"新攘夷派"的终极目标，而且与其说是一种冷静稳健的侵略理论，毋宁说是"新攘夷派"的"革命目的"。

废藩置县以后被重新定义的明治维新的"革命目的"，如果仅仅是为了"新攘夷"，那么，无论财政多么困难，要想压制由军部、旧军人和全国的士族集结而成的"新攘夷派"的主张，必定是非常困难的。二十世纪三十年代后半期的日本就是这样的一种情形。但是，一八七〇年代前半期，"富国派"以及"公议舆论派"都完成了他们各自"革命目的"的再定义。对日清战争持反对态度的人，也有他们自己的意识形态。

---

[1] 参见早稻田大学社会科学研究所编《大隈文书》第一卷。

第一章　强兵、富国、民主化

"公议舆论派"有两条不同的路线，即以长州派为中心的"自上而下的民主化派"和以土佐派为中心的"自下而上的民主化派"。两者之间最密切的接触，是在"新攘夷派"对清朝开战的努力受挫之后。首先，我们来看"自上而下的民主化派"。一八七三年七月木户孝允在随同岩仓使节团出访欧美归来后向政府提交的意见书，似乎就是其意识形态的原型。

第一，木户明确指出，自己欧美见闻的重点在于"制度文物"方面，强调在欧美学习的是"政规典则"的重要性。如其所言："各国事迹虽有大小文鄙之差，然欲探究其兴废存亡之所以，则要只在观政规典则之隆替得失如何。"而且，木户认为，在日本，相当于欧美诸国"政规典则"的是"五条誓文"。[①] "戊辰之春，东北之地尚未平定之初，即已将上至百官有司，下至天下侯伯召集于京城，亲祈天神地祇，做'五条誓文'，将之公告于天下，以证朝宪归著之所，一定人民之方向。其题言中有一语：定国是建立制度规律，以誓文为目的。……与欧洲强国之通论岂能不同。然则此五条实为我邦家政规之基。"[②]

但是，欧美宪法与日本的"五条誓文"之间有着云泥之别。"在文明之国，虽有君主却不擅权专制，全国人民一致协和以达其意。国务以条例示之，委托一局课以裁判，以此而名为政府。有司各当其职，为有司者亦保一致协和之民意。……纵然遇到非常之变，若没有民意的许可亦不能采取措施。……人民亦可监督其超制，有议士凡事查验，抑制有司随意臆断。此乃政治之美之所以。……政规即精神，百官乃肢体（按欧美的通说，政规即精神，百官乃肢体。另有一说云，以人民为精神，以百官为肢体。想来政规即出于人民一致协和之意，故二说虽异，却源于一理）。"[③] 与这样的欧美诸国的立宪政治相比较，在仅仅依凭"五条誓文"，然后

---

① 木户公传记编纂所编《松菊木户公传》下卷，明治书院，1927，第1560~1561页。
② 《松菊木户公传》下卷，第1563~1564页。
③ 《松菊木户公传》下卷，第1564~1565页。

又仅依靠政府的判断来不断推进近代化建设的日本，"民意"并没有获得重视。接下来，木户又对制定更为详细的"政规典则"，以取代"五条誓文"的必要性做了如下论述。

> 关于我邦现今之景况，察施设措置之迹……法令轻出昨是今非，前者未行后者又继，绝非人民所能忍受。而政务头绪繁多，又无区域界限，人生之要务日复一日追随开化前行，政府今日之事务亦与戊辰年间之事务不可同日而语。如此，其政规若依旧以五条为准，则身担要职者常为应变处置迷惑，恐不能顺达民意。如此，则今日之急务，莫如先布大令，基于五条增加条例，建典则以防后患……以期全国之大成。……万一不能徐期大成，一二贤明独求自身之利达，不问民意之向背只管企望功名，但凭要路之一局偏持其威权，万绪国务每事皆欲模拟文明各国，轻躁施行之，则国步之运恶，必招致累卵之危……是今日之急务在于先建政规典则之所以也。[①]

这份建议书与前述西乡隆盛的建议书是在同一时期提交给政府的。作为萨摩势力的一名豪杰，西乡从军部以及旧武士的立场出发，主张出兵台湾和征韩论，并视其为"讨幕之根本、御一新之根基"。而此时，作为长州最高领导人的木户孝允，却提议要以"五条誓文"为根基，"先建政规典则"。

值得注意的是，在这份论述制定宪法之急的建议书中，木户并没有把西乡等人的"新攘夷"论放在心上。在这里，木户批判的对象，是那些"不问民意之向背……但凭要路之一局偏持其威权……欲模拟文明各国，轻躁施行之"的人。意见书的提出是在大久保利通创设内务省、推进殖产兴业政策以前的事情，所以文中所言大概不是针对大久保本人。这一年的五月，属于木户派的井上馨和涩泽荣一被逐出了大藏省，木户所言倒不如说是对留守政府

---

① 木户公传记编纂所编《松菊木户公传》下卷，明治书院，1927，第 1568～1569 页。

第一章　强兵、富国、民主化

"开化热潮"的批判。关于井上馨，稍后在第二章中我们将会探讨，他的健全财政论与自上而下的立宪制过渡论之间未必有明确的因果关系，但在木户孝允的建议书中，二者却被自然而然地联系到了一起。立宪制被视为是对无视民力与民意的专制性"开化"政策的抑制，并被放到了"今日之急务在于先建政规典则"的最优先位置上。在这里，木户依然将立宪制的引进作为明治维新的"革命目的"，依据"五条誓文"和岩仓使节团的欧美见闻，对其重新做了阐述。

上文提到，木户的建议书并非直接针对大久保归国后提出的殖产兴业论。但是，从内容上来看，显然与其后不久大久保内务卿所推行的自上而下的工业化政策是对立的。大久保在一八七三年十月起草的那份有名的反对征韩意见书中，就他的殖产兴业论有过明确的阐述。在一八七六年四月提交的"关于培养国本的建议书"中，他又通过与其他"革命目的"做对比，对自己的殖产兴业论做了一番积极的说明。在这份建议书中，大久保似乎是有意针对木户的建议书，将"政令法律"视为枝叶性的东西，即"实力之轻重，虽当从政令、法律、军备、教育诸项来考证，然此般皆以实力而显其形状者，不可仅凭其形状之光彩而权衡实力之轻重。故虽政令修明有立宪政体，亦不足以恃之而成实力之重；虽然法律森严有罪必予以审判，亦不足以恃之而成实力之重。"那么，成为一切之根本的"实力"究竟是什么呢？是"民业"，是"物产"，而对此可以一目了然的，则是"进出口的统计"。而且，关于"实力"尤其值得注意的是，大久保主张由政府来"劝励民业，开殖物产"[1]。关于这一点，他做了如下论述：

> 于大力开诱民业奖导贸易的事务上，必须活机妙用，深入涵养理财之根基，广通贩卖之利益。若不把其作为政府的事

---

① 日本史籍协会编《大久保利通文书》第七卷，东京大学出版会，1969 年复刻，第76~77 页。

务，而任由人民之长进，经过荏苒数岁，其衰败之状岂有止境？此乃国势急务中之最急者，虽非政理之正则，亦为于时势变法之不可或缺之要务。①

在欧美经济中，"节约型政府"论占有主导地位。对于考察过欧美经济的大久保来说，由政府来推动"工业化"，不是"正则"，而是"变法"。但是，他把这种"变法"定义为"国势急务中之最急者"②。稍后我们还会讨论，设想由政府来推进殖产兴业，即意味着这个"政府"必须是一个"专制"的政府。关于这一点，曾是大久保内务卿、大隈大藏卿等人的心腹、萨摩藩出身的政商五代友厚有非常明确的表述。一八七八年七月，在写给大隈亲信的书函中，五代明言"似我国这般野蛮，唯有以专政强压之，凡事非引导不能开步"③。

"新攘夷""制定宪法""开发"，这三大目标如果用国防、外交政策、政治制度改革以及财政经济政策来重新表述的话，显然，三者不属于同一个层次，最多只不过是一个优先顺序排列的问题。一般来说，并不是制定了宪法，就不能对外侵略，不能进行经济开发。事实上，二十年后的日本，在大日本帝国宪法之下，不仅发动了日清战争，还扩建了国有铁道，扩充了道路、河流、港湾等设施以及发展电信、电话。然而，在废藩置县后"革命＝建设"的那个时代，由于政治家都把自己的政策主张视为"革命目的"，以至于把原本并不属于同一个层面上的三种政策，当成了三选一的问题。所谓的"官"，缘此一分为三。

不过，与这三种"官"相对，代表"民"的势力也并非完全不存在。一八七四年一月著名的"设立民选议院建白书"的提出，

① 《大久保利通文书》第七卷，第80页。
② 关于这一点，可参阅佐藤诚三郎《超越"死的跳跃"——西洋的冲击与日本》，都市出版社，1992，第204～205页。
③ 日本经营史研究所编《五代友厚传记资料》第一卷，东洋经济新报社，1971，第305页。

第一章 强兵、富国、民主化

即表明了代表"民"的势力的崛起。起草这份建白书的中心人物板垣退助、后藤象二郎，是仅次于前述西乡、木户、大久保的维新功臣，其活动的据点土佐藩，也是仅次于萨摩、长州的倒幕雄藩。所以，把木户的主张称为"自上而下的民主化"，而把板垣的主张称为"自下而上的民主化"，似乎有些夸张。事实上，把"设立民选议院建白书"与先前介绍过的木户孝允的立宪论拿来比较，可以发现两者之间存在显著的共同之处。但是，木户的主张是要优先考虑"政规典则"即宪法以及诸种法律的制定，而板垣等人则主张优先考虑"民选议院"的设立。坦率地说，没有宪法的"民选议院"是不可能存在的，但是，建白书即便提出了"民选议院"的主张，却完全不包含有关"宪法"的内容，或者也可以将建白书的主张理解为先开设议会，再基于民意制定宪法。一八八〇年代，这一派中又涌现出了植木枝盛、中江兆民，他们主张将议会作为国民对抗政府的机关。从这个意义出发，我们暂且使用一个界定严密的词，称这一派为"自下而上的民主化派"。

作为参议兼内务卿，大久保利通试图推进"自上而下的工业化"。对于大久保而言，征韩、出兵台湾应该都不是他所希冀的，更何况是日清战争。因为当时的日本并不具备同时进行对外战争和殖产兴业的经济实力。一八七四年的出兵台湾，极有可能引发日清战争。大藏省官僚松方正义在一八七五年曾经写过下面一文，充分表明了这一点。

> 去年有台湾之举，与清国间已生葛藤，征师之军费耗巨万之现货，若非议和，内部已有募集国债之议，国库即将空虚。……今若再起征韩之兵，行军一日不知耗费几万现货。终于举国现货一扫而光，至唯有纸币留存之日……①

所谓"自上而下的工业化"，即意味着政府要通过预算，进口

---

① 《反对对韩出兵、条约改正先决意见书草稿》，《松方家文书》第 56 册第 12 号。

纺织机械或其他，进而减少成品的进口。所以，如果到了"现货扫地，唯有纸币"的地步，机械就无法进口。在"对外紧张"的状态下，"自上而下的工业化"是很难实现的。

对此，大久保有着痛切的感受。在出兵台湾的第二年（一八七五年），大久保在谈及内务省的殖产兴业事业的时候就曾叹息："自建省之日，已过一岁。内变外事相继而起，为之奔走而无暇顾及省务。"[①] 一八七五年九月，江华岛事件告一段落以后，他再次慨叹"内有佐贺之变动，外有征台之举以及之后的朝鲜事件"，故不能够专心"劝励民业，开殖物产"。[②]

然而，一八七四年出兵台湾之际，大久保以及大藏卿大隈重信等人的态度却都是积极的。其后的日清谈判，开战派也一直对他们寄予了厚望。对于海军以及复员了的旧陆军官兵的要求，他们并没有从正面予以拒绝。"富国强兵"一词屡屡被当作口号来使用，是否有其自身的理由呢？在"富国派"与"强兵派"之间，除了双方都是由萨摩藩出身的人执牛耳以外，是否还存在某种政策上的亲近呢？

"富国派"对"强兵派"态度暧昧，其原因就在于他们的专制本质。前面业已介绍，在一八七六年四月的建议书中，大久保曾鲜明地表达过他"虽政令修明有立宪政体，亦不足以恃之而成实力之重"的立场。另外，对于一八七五年初针对立宪制的政治改革，殖产兴业派的大隈大藏卿以及开拓长官黑田等人也抱有强烈的不满。"自上而下的工业化派"以"独裁开发"为目标，对于立宪制的引进持消极态度。他们重视的是"民业""物产"，是"进出口的统计"，即经济"实力"。正因为如此，当军部以及旧武士利用别的"实力"对其施压的时候，他们却不具备足够强大的权力基础来进行反抗。无论是在出兵台湾的时候，还是在日清谈判以及江华岛事件上，他们只能采用"走钢丝"的外交方式，一边部分满

---

① 日本史籍协会编《大久保利通文书》第六卷，1969 年复刻，第 365 页。
② 日本史籍协会编《大久保利通文书》第七卷，第 77 页。

第一章　强兵、富国、民主化

足军部、旧武士的希望，一边期待着事态不至于扩大，其原因就在这里。

与此相反，"公议舆论派"却是从正面对军部以及旧武士的对外冒险政策表示了反对。一八七四年鹿儿岛的旧武士和中央军部中鹿儿岛出身的军人所制定的一系列军事冒险政策，加剧了"公议舆论派"中长州、土佐政治家们的危机感。一方面，从日本全国而言，鹿儿岛只是其中的一部分，但出兵台湾受到了鹿儿岛势力的左右。这一问题关涉明治政府的正统性。另一方面，一八七一年全国的年贡好不容易才集中到了中央政府的手里，如果三年后就被大规模的对外战争挥霍一空，那么，中央财政就会破产。此时，曾经的大藏大辅、财政紧缩论者井上馨开始了他的活动，他试图用自上而下向立宪制过渡的方式来抑制萨摩藩的军人。在大久保结束了日清谈判载誉而归后不久，井上馨即与民权派小室信夫、古泽滋商定，同乘一条船前往大阪，在船上，以"立政府之目的、重法之方法"与民权派达成了相互提携、"挖掉山芋（指萨摩藩人）"的共识。[1] 同时，井上馨给长州开明派巨头木户孝允也送去信函，称"后来无朝鲜或其他好战之事，富强之术开明之手段，当取消无用之费，此等事宜也望充分提请伊藤、山县注意"[2]。按照一八七四年十二月十八日井上馨写给木户孝允的书函，井上的民主化构想是"取老台之论，折中板垣等主张，开设与我国性质相适应议院之方法，给予政府充分权利，开设议院"[3]。井上的主张是一种在充分确保政府权限的基础上，以自上而下的方式引进立宪制的策略构想。

为了抑制类似出兵台湾这样的对外冒险事件再次发生，长州派与民权派达成了妥协，并打算在此基础上向立宪制过渡，井上馨的这一构想在一八七五年四月份得到了部分实现。这就是四月十四日朝廷颁发的诏敕，其内容有设置元老院、重开地方官会议、设置大

---

① 井上馨侯传记编纂会编《世外井上公传》第二卷，内外书籍，1934，第 613～614 页。
② 井上馨侯传记编纂会编《世外井上公传》第二卷，内外书籍，1934，第 613～614 页。
③ 《世外井上公传》第二卷，第 618～619 页。

审院，以及"渐次确立国家立宪之政体"等，即政府以天皇的名义承诺，要在不远的将来建立立宪制政体。

这次政治改革，对于那些试图以专制的政治体制来推进"自上而下的工业化"的人而言，是一个相当大的打击。据可信度颇高的《明治天皇纪》记载，大久保的心腹、开拓长官黑田清隆对这次政治改革一直抵抗到了最后，在一八七五年三月十七日一项中有如下记述。

> 朝议，采纳参议木户孝允等主张制度变革之议，为审议拟案，是日，命孝允及参议大久保利通、伊藤博文、板垣退助为政体取调。孝允等从十八日于正院开局审议，至二十七日大致结束调查。于四月五日付之阁议。虽不明其案之详细，然在于将正院事务分为议政、行政，拟设元老院、大审院。参议黑田清隆曰，往昔制度之改革有过数次，然大多有名无实，与旧制无有二致，故难言其可否。利通拜访清隆，劝其姑且听从众议，然清隆不肯。太政大臣三条实美亦出面游说，言难保其为确乎不拔之改革，终不肯在草案上署名。①

如果这段记述属实的话，那么，也就是说在大阪会议上议定的设置元老院、大审院的决定，在内阁审议阶段即遭遇到了黑田清隆的顽强抵抗，内阁的决定最终也没有黑田的署名。另外，规劝黑田"姑且听从众议"的大久保，对于旨在引进立宪制的制度改革的支持似乎也并非出自真心。

大久保的另外一名心腹大隈大藏卿，也对木户等人按照"大阪会议"的结果复归政府进行了强烈的抵抗。萨摩政商、大阪财界的中心人物五代友厚在一八七五年三月一日写给大隈的书函中说："闻言阁下对木户再次复归数次予以阻拦。若阁下迫于时势不得已退职，可速来大阪，余等绝不会使阁下蒙受拘束，此事无需多

---

① 宫内厅编《明治天皇纪》第三卷，吉川弘文馆，1969，第414页。

言。然在此之前还望阁下忍耐，想必甲东（大久保利通）亦有此意。"[1] 由此可以推测出，大隈面对"自上而下的民主化派"辞意已决，而大久保则拼命进行了劝导。大久保、黑田、大隈这些"自上而下的工业化派"，对于木户、井上馨、板垣退助、小室信夫等"民主化派"所推行的、旨在引进立宪制的制度改革怀有强烈的不满。

一八七五年四月，以天皇的名义颁旨承诺"渐次确立国家立宪之政体"，其背后有两个原因。第一，由于大久保的努力，日清谈判获得了成功，使得期待日清战争爆发的"新攘夷派"一时丧失了方向。第二，源于"民主化派"的危机意识，即如果将国家委托给权力基础薄弱的"自上而下的工业化派"，那么"新攘夷派"的冒险政策不知什么时候还会再冒出来。在一八七五年四月前后，"自上的"与"自下的"两种"民主化派"联系相当紧密，而且两派的"民主化"期待与"新攘夷派"对日清战争的期待一样，都是相当的性急。关于这一点，我们可以从民权派报纸《德岛新闻》的记述中窥见一斑，即"我辈更可以想象，若木户、板垣二人得志，则天下由此而豹变，议会愈发昌盛，民选议院得以设立，政府之立法不拔，人民之权利畅舒"[2]。不用说，当时的《德岛新闻》是仅次于土佐的民权派据点，其指导者小室信夫更是《设立民选议院建白书》以及"大阪会议"的主角。

就像一八七四年"新攘夷派"迫切期待着日清战争全面爆发的梦想最终落空一样，一八七五年后半年，期待着民选议院的设立即刻就可以实现的"民主化派"的梦想也遭遇了挫折。其原因就在于江华岛事件的爆发导致"新攘夷派"的复活。一八七五年九月，日本海军炮击朝鲜的江华岛炮台，挑起了两国间的军事摩擦。

---

[1] 日本经营史研究所编《五代友厚传记资料》第一卷，东洋经济新报社，1971，第251页。

[2] 安德鲁·弗雷撒：《明治时期德岛县的政治家们》，坂野润治、宫地正人、高村直助、安田浩、渡边治共编《系列日本近现代史2　资本主义与"自由主义"》，岩波书店，1993，第193~194页。

江华岛事件一发生，军部、鹿儿岛士族以及全国对维新怀有不满的士族即再次高唱征韩论调，并加强了彼此间的团结。而以土佐为中心的民权派也要求木户孝允发动"政变"，让长州派与土佐派独占各省。民权派在其要求遭到拒绝后，即由"民主化"倒向了"新攘夷"，迫使板垣退助再次下野。①

对于一八七五年末到一八七六年初再次出现的危机，政府的处理办法与一八七四年的情形完全一样，即由萨摩藩出身、在军部以及鹿儿岛旧军人中都享有威望的开拓长官黑田清隆率军舰两艘、运输船四只、近八百名陆军士兵前往朝鲜，向朝鲜政府提出抗议，最后迫使朝鲜缔结了通商条约，使事件得以和平解决。对一八七三年的征韩论以及一八七四年的出兵台湾都持反对意见的木户孝允，唯独这一次持强硬立场，派自己的忠实弟子井上馨作为副使，代替疾病缠身的自己与黑田一道前往朝鲜。大久保也致信长州派阀伊藤博文，称使节团的使命是"以和平为主"，为了防止黑田因"粗暴之举动"而招致战争，有必要让井上馨作为副使一同前往。②

一八七六年二月末《日朝修好条规》缔结以后，明治政府才从军部、旧武士与不平士族串通一气的噩梦中解脱出来。一八七四年十月末大久保缔结的《日清两国互换条款》和一八七六年二月黑田、井上缔结的《日朝修好条规》，使对外战争的火种终于熄灭了。正规军与鹿儿岛以及全国的不平士族团结起来对抗政府的正当性也已不复存在。鹿儿岛的最强硬派桐野利秋在一八七七年初，批评西乡"大先生等待者，患机会之说过时矣"③，这说明桐野已经自觉地意识到了"新攘夷派"的存立根基已岌岌可危。

因江华岛事件的"和平解决"而遭受打击的不仅仅是"新攘夷派"。由于江华岛事件的爆发，木户孝允转而对"民主化"路线开始采取抑制措施。为此，负责与"自下而上的民主化派"进行

① 坂野润治：《近代日本的外交与政治》，研文出版，1985，第40～46页。
② 伊藤博文关系文书研究会编《伊藤博文关系文书》第三卷，塙书房，1975，第233页。
③ 日本史籍协会编《大久保利通文书》第七卷，第496～497页。

第一章 强兵、富国、民主化

交涉的井上馨被置于一个尴尬的境地。而且，正如我们将在第二章中讲述的那样，井上馨又偏偏被派去作黑田全权的副使，不得不赴朝鲜处理由"新攘夷派"挑起的江华岛事件。井上在一八七六年四月曾对木户孝允抱怨说："朝鲜之行也令人心中不安，任黑田副官，只得抛弃自己的名誉……曲意前往。"[①] 从朝鲜归来之后不久，井上就去了英国，决意"三年专心于学问""活到老学到老"[②]。"自上而下的民主化派"井上馨也对因江华岛事件而出现的"民主化"的后退感到失望，尽管他的失望与"新攘夷派"桐野的失望的原因并不相同。

"自上而下的工业化派"成功地将"新攘夷派"与"正规军"、"民主化派"与木户孝允分离开来，之后，便决意强行突破。失去了对外危机这面大旗的"新攘夷派"被逼无路，发动了毫无胜算的叛乱。"工业化派"对此进行了镇压，并决心在此基础上巩固"开发独裁"体制。关于西南战争的经过，我们在此不做赘述，不过，政府对西乡叛乱非常欢迎，并对镇压这次叛乱充满了信心，因为它被视为一扫"新攘夷派"的大好机会。关于这一点，从下面木户孝允的这段文章中可以看得非常明白。

> 昨晚夜半披见鹿儿岛之电报。想其毕竟无大举之势力。实际上连年拖延，反于国家平安无益，希望此次判然明了。兵队之骄慢，恰如病后之毒药。[③]

顺便提一下，这封信的末尾将"兵队之骄慢"比作"病后之毒药"，这一点值得关注。正像我们多次讲到的那样，"新攘夷派"不是简单的"不平士族"，而是"兵队"。另外，批判"兵队之骄慢"如"病后之毒药"，也表现出曾支持过维新变革的"革命军"，

---

① 井上馨侯传记编纂会编《世外井上公传》第二卷，第718页。
② 《世外井上公传》第二卷，第732页。
③ 伊藤博文关系文书研究会编《伊藤博文关系文书》第四卷，1976，第301页。

在革命后却成了国家建设的障碍的木户的心理。

当然，西南战争对于政府而言并非一场简单的内乱，尤其是对萨摩出身的政府高官，他们的内心非常复杂。但是，政府一点都不担心三年前与鹿儿岛士族一起出兵台湾的熊本镇台兵会倒向敌方。对外危机的消失，确保了正规军对政府的忠诚，士族以及旧武士叛乱的时代结束了。

第二节 "开发"与"民主化"

一 是要工业化还是要民主化

曾经对政府竭尽忠诚的友军遭到了镇压，军部在政府内部的发言权一时也受到了影响。这不单单是"邦内稍稍恢复宁静"的缘故。政府既然已经镇压了"新攘夷派"，那么，军部也就不得不接受"自上而下的工业化"这个所谓的第二个"维新目的"。西南战争的第二年（一八七八年），在提出预算要求之际军部所表现出来的对于"开发"优先的理解即清楚地表明了这一点。陆军的预算要求书中有这样的一段话：

> 盖内务工部二省等，劝农工商业，又起电信铁道等，此般事业，于创立之际，一时要许多费额，然期以数年之后，不仅有偿却之道，官民间得益之处亦必不会少。独陆军之费用全然相反，恰如投入水火中一般，纵然经过几多岁月，终无得丝毫偿却之理。故若完全从计算上论之，属于所谓无用之长物，或有人会提出军队解散之议。[1]

当然，陆军省这份呈报书的意图在于申述军部存在的理由，即

---

① 早稻田大学社会科学研究所编《大隈文书》第三卷，早稻田大学社会科学研究所，1958，第336页。

第一章　强兵、富国、民主化

"既然不可忘保护国家之职责，则前议断不可行"。呈报书进一步强调，"虽邦内稍稍恢复宁静，然察东洋近日之形势，并非太平无事、可高枕无忧之时"。不过，即便如此，军部在提出自己预算要求的时候，还是不得不把"内务工部二省"的"开发"放在了优先位置。这是西南战争结束后的一个特征，不容忽视。

受到陆军省如此礼遇的"内务工部二省等"认为，由于西南战争结束，实现自己"立国目的"的好机会终于来了。正如御厨贵所揭示的那样，对于内务卿大久保利通而言，如果说明治的最初十年是"兵马骚扰"的十年，那么，西南战争后的十年，将是其"整内治、殖民产"的"维新第二期"。[①]

西南战争爆发前夕，政府为了拉拢农民阶层实行了大幅度的减税政策，从这个时候起，内务省就已经开始考虑通过发行"内外国债"来推动"自上而下的工业化"进程，即"如殖经纶之基础的物产，兴工艺之资本，若官库不足，兴内外国债亦似无不可"。[②]一八七八年五月，西南战争结束后募集起来的一千二百五十万日元创业公债（实收一千万日元）就是源于这一设想。除了用于官营工厂等的"劝业经费"以外，其余全部都用在了铁路、港湾、道路等基础设施的建设和矿山开发方面。关于这一点，看看下面有关创业公债的说明就会明白。

> 此次我国政府新发行内国债，欲大兴国家之方便。其事则为延长京阪间的铁道线，使其经大津达敦贺港，疏凿修缮新潟、石卷等港口，同时开通各地要用之陆路，削平坡道，开往来运输之便，开凿改良羽州矿山、北海道煤矿，以及开垦奥羽之旷野，奖励畜牧及其他农事，以此或疏导天赋之利源，或立殖产就业之基础。[③]

---

① 御厨贵：《明治国家形成与地方经营》，东京大学出版会，1980，第 2 页。
② 《松方家文书》第 58 册第 4 号。
③ 胜田孙弥：《大久保利通传》下卷，同文馆，1911，第 749 ~ 750 页。

这里所列举的各项实业内容中，铁路与矿山由工部省管辖，北海道煤矿由开拓使管辖，港湾、道路以及这里没有列举的官营轻工业则由内务省管辖。正如前面陆军省在呈报书中记述的那样，"内务工部二省"再加上开拓使，二省·一使的时代到来了。

在这样一个"富国"论全盛的时代，就连福泽谕吉也一度主张"工业化"优先于"民主化"。尽管其后不久，他就写了《国会论》，成为"自上而下的民主化"的主要提倡者。在一八七八年九月刊行的《通俗民权论》中，福泽驳斥了"民权论者"的主张。他认为，"国会之事固然重要"，但是"将地方的民会放在后面而欲使中央的国会先行，则是颠倒了事情的顺序"。[①] 在同一时期刊行的《通俗国权论》中，福泽称，"有了财富，则武器既可以制造也可以购买，士兵既可以养之也可以雇用之。在当今这个鄙劣的世界上，所谓公议舆论，亦有手段以金钱购买之"，强调"国权兴张之源在于财富"。[②] 同样也是在一八七八年，即西南战争结束后的第二年，大隈重信作为最强有力的"君主专政家"，也曾被寄予了作为"自上而下的工业化派"的厚望。尽管在三年后，他因与福泽一道提倡立即实行两大政党制而遭到了政府的驱逐。

关于这里所谓的"自上而下的工业化派"，笔者曾经主张，"'富国'论看起来其立场似乎是现实主义的，然而未必是现实主义政策选择层面上的问题，毋宁说，它是明治政府的重要一翼，也就是"工业化派"所抱有的近代国家的'理想形象'"。[③] 以上的论述可以说印证了笔者的这一见解。

然而，与"新攘夷"以及"民主化"的意识形态相比较，"工业化"作为一种意识形态，其自立性是最低的，这一点不可忽视。

---

① 《福泽谕吉全集》第四卷，岩波书店，1959，第580～581页。

② 《福泽谕吉全集》第四卷，第631页。

③ 坂野润治：《"富国论"的政治史考察》，梅村又次、中村隆英编《松方财政与殖产兴业》，东京大学出版会，1983，第39页。

第一章 强兵、富国、民主化

如果政府财政出现赤字，或者国际收支出现赤字，抑或是官营工厂经营恶化，那么，意识形态很快就会受到经济现实的反击。虽然同样是"革命目的"，但民族主义与民主主义受意识形态的束缚程度要低得多。

但是，在考察"工业化派"在经济现实面前遭受挫折的过程以前，让我们先来看一下同样因"新攘夷派"被镇压而恢复元气的"自上而下的民主化派"的动向。前面述及，一八七五年的前半年，"民主化派"不仅谋求制度改革，还曾试图掌握政府的主导权，但是由于江华岛事件爆发，"新攘夷派"势力得以恢复，迫使其放弃了夺权的念头。因此，一八七七年的西南战争将"新攘夷派"势力彻底扫清，"民主化派"对此没有理由不表示欢迎。驻德公使青木周藏在同年六月末内乱还在持续的时候曾致函伊藤博文，清晰地表明了他们的立场。

> 蛮野芋贼尚无悔悟降服之状，依然在日隅（日向、大隅）边陲继续抵抗……当然贼徒降服之日，想不会听所谓宽大之词，但到底祈愿早日奏膺惩之功，自明治十一年始，三十五县之政治归于纯然一途。高知之近况如何？三千五百万之人民中，钦慕共和之政体或主张民权者，高知县之外也应有许多，此等皆为文明开化之猎手，强压此徒，其理类似于猎师反而脱手其猎获。[1]

这份书函一方面期待着彻底镇压"蛮野芋贼"，另一方面又将自己视为"文明开化"的"猎师"，而将土佐等地的民权派视为在"猎师"手下工作的"猎手"，这充分体现了"自上而下的民主化派"的立场。此外，井上馨在一八七八年二月从伦敦寄给长州盟友的信函里，也同样清楚地表明了"自上而下的民主化派"由于

---

[1] 伊藤博文关系文书研究会编《伊藤博文关系文书》第一卷，塙书房，1973，第43页。

"新攘夷派"的被镇压而逐步恢复元气的情形。

> 西方一事亦因老兄等之奏功终归于太平，万民皆可安心，乃邦家可贺之事……只是尔后所祈，非小生主张的非常之"共和"，亦非特别强化人民之权、政府掌握少些权力、依人民之异见为政。……分部分权力与地方，地方官亦遵从民意，若非如此，则人民爱国之情日薄一日，国力必然退步。①

或许是偶然，井上馨在这个时点阐述的"自上而下的民主化"构想，与前面介绍过的福泽的《通俗民权论》不谋而合，他们都试图首先从地方议会的设立着手，以达成其"民主化"的目的。在一八七八年这一时点上，福泽与井上都还没有从正面提倡国会开设论。

但是，即便是这个程度的"民主化"构想，对于一心想要构建"开发独裁"型政治体制的"工业化派"而言也是一种威胁。当井上馨断定西南战争的结束和一八七八年五月大久保内务卿的遇刺是"民主化派"一展身手的绝好机会，并从英国动身踏上归国旅途的时候，"开发派"五代友厚致函北畠治房：

> 清盛主张人民之论，归朝在即，变转乃其术中之术。望前往邻家详谈。②

前面我们也曾引述过，在这封书函中，五代称"似我国这般野蛮，唯有以专政强压之，凡事非引导不能开步"，明确阐述了自己的立场。在一八七八年七月井上馨归国前后，"自上而下的民主化派"与"自上而下的工业化派"之间的对立可以说已暴露无遗。

---

① 井上馨侯传记编纂会编《世外井上公传》第二卷，内外书籍，1934，第759页。
② 日本经营史研究所编《五代友厚传记资料》第一卷，东洋经济新报社，1971，第305页。

顺便提一下，这封书函的末尾提到的"邻家"，指的是大藏卿大隈重信的官邸。五代友厚是在警告大隈重信，"清盛"即井上馨（在一八七一年至一八七三年的大藏大辅时代，井上握有实权，一度凌驾于太政大臣之上，由此被比作平清盛）携"人民之论"即将归国。五代称"君主专政家唯大隈卿一人"，也是这个时候的事情。在西乡隆盛败北、接下来又有大久保利通遇刺的一八七八年七月，"自上而下的民主化派"代表井上馨与"自上而下的工业化派"代表大隈重信，开始摆出了正面对立的姿态。

二　工业化派的挫折与民主化派的兴盛

根据富田正文的考证，福泽谕吉与井上馨的密切关系是在一八七五年大阪会议前后建立起来的①，而与大隈重信则是在一八七八年以后才有了密切交往。②与福泽门生之间的关系，也是井上建立得更早一些。如在一八七六年十月写给木户的书函中井上记述到，在伦敦与中上川彦次郎、小泉信吉等"福泽书生三人"，每周星期六"轮流讲读'政治经济方面的书'"。③而福泽将自己的门生矢野文雄介绍给大隈，却是一八七八年三月以后的事情。④总之，一八七八年七月井上回国以后，福泽曾通过中上川和矢野文雄分别对井上馨与大隈重信展开了游说。如此看来，如果福泽重视"民主化"更胜于"工业化"，那么，他可以同时代表双方的立场，促使正处于对立状态的井上与大隈互相靠拢。我们既可以强调在近代国家形成期思想家的影响力之大，同时也可以去关注另一个事实，即处于国家形成期的政治家并没有丧失他们各自的"革命目的"。如果"工业化"与"民主化"不再是意识形态，那么，知识精英对于政治家所具有的影响力就会减弱，其发挥的作用最终可能会被官僚替代。

---

① 富田正文：《考证福泽谕吉》下，岩波书店，1992，第549页。
② 《考证福泽谕吉》下，第567页。
③ 井上馨侯传记编纂会编《世外井上公传》第二卷，第733页。
④ 富田正文：《考证福泽谕吉》下，岩波书店，1992，第569~571页。

近代日本的国家构想（一八七一～一九三六）

福泽谕吉是在一八七九年八月刊行《民情一新》和《国会论》以后，开始对"自上而下的民主化"变得热心起来的。关于这两部著作的内容和相互关系，我们将在第二章中论述，这里出于行文上的考虑，只作一些必要的交代。①

在一八七八年还认为开设国会为时尚早的福泽，到了第二年却忽然变成了积极的国会开设论者，而且还是一个重视政权更替的议院内阁制论者。这一转变，似乎并非受到国内政情的影响。他在研究十九世纪后半期欧美政治状况的时候，注意到他所介绍的欧美文明本身受到了社会主义者、急进民主主义者以及虚无主义者的挑战，欧美文明正在发生很大的动摇。运动的一方表现出极左化，而体制的一方则呈现专制化。福泽注意到，与十七、十八世纪不同，十九世纪的欧美文明正面临着"官民倾轧"带来的混乱局面。而且，这种十九世纪文明的混乱，是由十九世纪工业化所带来的交通、信息革命所造成的，不是靠人为努力就可以完全压制下去的。某一国家的急进思想家提出的主张，通过报纸、杂志在国内广泛传播，又被装到轮船上带往世界各国的港口，从港口经由铁路向各国的内陆渗透。如果把十八世纪以前的人民比喻为"青虫"的话，那么，掌握了世界新知识的十九世纪的人民则已进化成了"蝴蝶"，再也不会像过去那样任人奴役了。

欧美社会的"官民倾轧"像一股不可抗拒的力量，身处其中的欧美诸国，唯有英国的议会政治看上去既做到了适度满足国民的变革要求，又维持了政治的稳定。善于捕捉时代气息的保守党和自由党，一面避开极端的政策变更，一面进行着它们之间的政权交替。唯有伴随着政权更替的议院内阁制才能够统制已经进化为"蝴蝶"的十九世纪的人民，这是福泽在《民情一新》中得出的结论。福泽将这一结论部分加以引申，以其门生的名字在《邮便报知新闻》上进行了连载，这就是《国会论》。

《国会论》发表之后，同年三月爱国社举行了第二次大会，福

---

① 详细内容请参照本书第二章第二节。

第一章　强兵、富国、民主化

泽是否通过这次大会看到了日本国民由"青虫"向"蝴蝶"转化的征兆，不得而知。如果《福翁自传》中的记述属实的话，那么，福泽出版《国会论》的动机似乎并不在于推动自由民权运动，即"明治十年西南战争亦已烟消云散，社会复归平静，人们却云苦于无事，我偶尔思忖，此时若论及国会论，天下必有响应之人。我以为此事颇为有趣，于是开始起草国会的论说……即刻在报纸新闻的社论里连载。当时，国会论在社会上并无势力，所以此社论究竟能否博得人气……我根本无法估计。……不可思议，大约过了两三个月，东京市内的各大报纸自不用说，就连在乡下，议论也慢慢地热闹了起来，最终发展成了众所周知的、地方有志者云集东京举行所谓开设国会的请愿运动"①。

当时，以高知的立志社为中心的民权运动，正在按照自己的意愿为同年十一月即将召开的爱国社第三次大会做准备，所以，福泽的《国会论》对其产生了多大程度的影响，不是十分清楚。但是，《国会论》执笔的直接动机，并非出于应对日本国内蓬勃发展起来的急进运动，这一点与福泽在自传中的记述应该是吻合的。笔者以为，想把《民情一新》中的研究成果以一种通俗易懂的方式介绍给世人，这才是福泽执笔《国会论》的动机。

但是，正如我们在前面讲到的那样，当时在明治政府内部分别代表"工业化派"和"民主化派"的是大隈和井上馨，而福泽对他们二人都具有较大的影响力。福泽公开发表《国会论》对于明治政府内部井上等"民主化派"是极为有利的。因为，由于矢野文雄的影响，大隈已经不再是"君主专政家"了。

大隈之所以偏离了五代所期待的"似我国这般野蛮，唯以专政强压之，凡事非引导不能开步"的路线，还有别的原因。那就是，进入到一八八〇年代，作为意识形态的"自上而下的工业化"，由于现实的经济状况难以维持下去了。

前面已经述及，经过西南战争，"新攘夷派"被彻底清除，

---

① 《福泽谕吉选集》第十卷，岩波书店，1981，第307～308页。

029

"自上而下的工业化派"由此断定真正实现自己梦想的时机终于到来了。但是，由西南战争引发的另外一些问题，却又成了他们实现梦想的障碍。这就是西南战争带来的通货膨胀。政府为了筹措西南战争的经费，不得不发行包括国立银行券在内的总额达四千二百万日元的不兑换纸币。发行高达一般会计年度岁出 70%的不兑换纸币，首先带来的是国际收支的恶化。巨额不兑换纸币的发行，导致了纸币对本位币的价值下跌。当时，不仅是重工业产品，就连纤维制品都无法自给，所以，本位币与纸币的差价（纸币贬值）既增加了出口，又招致了进口的增大，从而加大了本位币的流出。根据黑田清隆参议在一八八〇年八月提交给太政大臣三条实美的意见书，大藏省的本位币，包含未加工的原材料在内也只不过八百多万日元，如果这样的入超再持续一年，大藏省就会面临只剩下纸币的危机。[1] 国际收支已极度恶化。

问题还不仅仅在于国际收支。政府在一八八〇年前后基本上完成了地租改正，自此，政府唯一的直接税收入地租变成了用货币支付的固定税。而此时却发生了通货膨胀，一八八〇年的米价急剧上涨，为三年前的两倍，政府的地租收入实际上减了一半。

由于国际收支和国家财政这一对双生儿赤字的急增，政府已经不能够像从前那样继续推行自上而下的工业化了。当然，大隈、黑田、五代等"工业化派"还在想方设法寻找财源，试图继续推行其工业化政策。一八八〇年五月，大隈提出五千万日元的外债募集计划，但大多数意见认为，一旦外债无法偿还，国家的独立就会受到威胁，因此外债募集计划没有实现。同年八月，黑田与五代提出将地租的四分之一重新改为用谷米缴纳，但由于井上馨的强烈反对，这一方案也没有实现。的确，当时米价已上涨了两倍，如果地租的四分之一改为用谷米缴纳，再按市值将其换成货币的话，那么这部分地租就占到了地租总额的四分之二。

---

[1] 《黑田清隆财政意见》1880 年 8 月 30 日，《三条家文书》所收，国立国会图书馆宪政资料室所藏。

第一章 强兵、富国、民主化

加上用货币缴纳的地租部分（另外的四分之三），那么，最终在现有地租的基础上可以再增加四分之一的收入，即意味着百分之二十五的增税。但是，在一八八〇年正值开设国会运动高涨之时，要想断然实行增税政策，必须做好"竹枪席旗"的思想准备。在最大的士族叛乱尘埃落定后仅仅三年，对可能诱发大规模农民起义的这一政策，提倡"自上而下的民主化"的井上馨表示反对也是理所当然的。

在黑田、五代与井上围绕着谷米纳税的是与非而展开的论战中，双方对于由通货膨胀带来的农民富裕化的评价表现出了明显的差异，这一点耐人寻味。五代应黑田的请求起草了《谷米纳税论》，文中将政府的财政赤字与国际收支赤字全部归咎于农民的富裕化。他论述道：

> 地租改正货币纳税之变革，以今日观之，实为明治政府财政上之大失措。因为地租改为货币缴纳，独农民得非常之幸福，累积让人吃惊的财富。……在这里，农民一旦得此幸福，即生衣食之奢侈，余裕之财货，盖散于进口货之竞买。近年进口货悉供下等社会即农民之需用，足以证明之。而此影响立即波及进出口之不均衡，进出口之不均衡促使实货之耗出，实货之耗出则致实货之上涨。此即为今日之实况。①

按照这一理论，如果断然实行意味着增收四分之一地租的谷米纳税措施，那么，农民就会贫穷，就不能购买进口货，贸易收支就会改善，本位币与纸币的比率就会复原。而且，因为实际上又增加了四分之一的税收，政府的财政赤字也可以消除。

对此，井上馨予以了反驳。第一，即使农民的衣食变得奢华了，那也是自己的劳动所得，是理所当然的事情，不能称之为

---

① 日本经营史研究所编《五代友厚传记资料》第四卷，1974，第159页。

"奢侈"，而应该说是一种"生活水平提高的现象"。第二，过度进口的主要原因，与其说是农民购买进口货所致，倒不如说是由"政府屡屡改革制度、兵制，弃旧取新的决断"所致，或者是"因为佐贺、台湾、鹿儿岛等地的战乱而求购船舰、弹药、器械等"所致。[1] 井上认为，近代化政策的矫枉过正，以及由内乱、外征而导致的临时支出的增加，都是"自上而下的工业化派"和"新攘夷派"的责任。这场论争的详细情形我们将在下一章中再讨论，在此笔者想要指出的是，对农民的富裕表示理解的井上，其立场与"自上而下的民主化"是有可能一致的，而从视农民的富裕化为诸恶之根源的黑田、五代的论述来看，他们是不大可能接受开设国会的。

当募集外债的提案与谷米纳税的提案都遭到摒弃的时候，也就意味着"自上而下的工业化"作为一种政策失败了。一八八〇年十一月，政府制定了工厂转让概则，命令内务省、工部省、大藏省、开拓使渐次向民间出售官营工厂，同时，也中断了由内务省向地方土木建筑事业提供的补助金。[2]

政府为了打开经济危机的困难局面，不得已中断了"自上而下的工业化"政策，而就在同一年即一八八〇年，又不得不面对士族、豪农掀起的要求实现"民主化"的浪潮。从一八七九年后半年开始，以放弃叛乱的土佐为中心，关西以西的士族与在农业景气的状况下积累了一定经济实力的东北、北陆等地的豪农结社，为结成全国性组织而开始寻求合作。在这股潮流的推动下，曾经在一八七四年提出"设立民选议院建白书"的民权运动指导中心爱国社也改变了其运动的方向，开始为召开以开设国会为目的的、新的全国结社代表大会做准备，而不再单纯追求其组织的扩大了。于是，最终有了一八八〇年三月国会期成同盟第一次大会的召开。这次大会聚集了当时来自全国二十四个府县、接近全国一半的结社

① 井上馨侯传记编纂会编《世外井上公传》第三卷，1934，第162～163页。
② 有泉贞夫：《明治政治史的基础过程》，吉川弘文馆，1980，第35～59页。

（这些结社拥有的会员都在十人以上）代表七十名。大会通过了给天皇的开设国会请愿书，包括后来的加入者在内，全国共有七十二名结社代表在这上面联袂署名。高知县的片冈健吉和福岛县的河野广中作为代表，进京向政府提交请愿书，但被拒绝受理。[①] 此后，从五月到九月，又有二十三家结社的代表携带建白书、请愿书，从全国各地前往东京。[②]

　　一八八〇年在全国范围内日益活跃起来的开设国会请愿运动，毫无疑问，是一场以"自下而上的民主化"为目的的运动。这场"自下而上"的运动与"自上而下的民主化派"之间的关系并不单纯。如果没有这场全国运动，那么"自上而下的民主化派"就失去了说服政府内部保守派的材料。但是，如果"自下而上的民主化派"的要求变得过分急进，那么就会像福泽谕吉担忧的那样，政府内部的保守派也会出于对抗而采取专制路线，激化"官民倾轧"，这样也就不会有后来"稳健派"的登场了。如果不了解一八八〇年开设国会运动的性质，也就无法理解为什么在接下来的一八八一年的一月，"自上而下的民主化派"会成为政府内部的主流派，尽管它是暂时的。

　　在一八八〇年开设国会运动的内部，存在着两个派别：爱国社系的"士族民权"和以农民结社为中心的"在乡民权"，这是迄今为止自由民权研究都予以承认的事实。但是，仅从"士族"与"平民"语意上的对立就轻易地断定前者是保守的、后者是进步的，这是危险的。比如，福泽谕吉从欧洲社会主义者以及宪章派、民粹派的运动中发现了"官民倾轧"的原因，按照他的观点，"士族民权"有近似于社会主义急进性的一面，所以才是危险的，而不是因为其是保守的才遭到否定。福泽系的《邮便报知新闻》对于作为"士族民权"代表的爱国社，做了如下的论述。

---

① 森山诚一：《国会期成同盟研究（1）》，《金泽经济大学经济研究所年报》1986 年第 6 号。

② 江村荣一：《自由民权革命研究》，法政大学出版局，1984，第 78、83 页。

据余辈所知，现今社会凡有些许财产、可提些许意见者，闻爱国社员之名，无不露厌烦之情。或有甚者，视其为一种社会党，以其言论过激粗暴，一概摒斥之。此非余辈所取之处。想来，爱国社员中多壮年盛气之人，动辄发过激之言，语惊众人。然其过激粗暴，乃取弊病之极端而论之。凡揭露事物弊病之极端予以评论者，皆难免遭人摒斥。[①]

引文的后半部分颇有平衡感，如果只读这几句话似乎会让人觉得这是在为爱国社辩解，甚至还会让人觉得这些话是出自福泽的笔下。但重要的是，这里把爱国社中对"弊病之极端"的批评，看作类似欧洲社会党一样的"过激之言"。"士族民权"并不是因为其保守性而受到批判，而是因为其会使人联想到"社会党"的急进性才受到了批判。

《邮便报知新闻》在同一篇论说中具体指出了爱国社的缺点，读一读这些内容，就会清楚地看到，福泽集团所期待的国会开设运动大概是什么样子。"试观爱国社之近况吧。虽风闻社员遍布全国，然世人未知何等人才可成为其社员，亦未闻其社员中有许多既有财产又有名望之绅士，未闻其有博学多识之老辈相推挽，亦不知是否常有对公共事务拥有足够经验的有为之人来主宰其社务。"如果把文中的否定句改为肯定句，我们就会看到另外一种国会开设运动的情形，即它应由有财产、有名望的地方权贵，博学多识的城市知识分子，在中央或地方有过为官经验的人士构成。民间有了这样的运动，福泽派才能够促使政府内部的"自上而下的民主化派"井上馨、大隈重信等人行动起来。

如果是这样，那么"自上而下的民主化"的成功，很大程度上就要受国会开设运动内部左右两派力量对比关系的左右。详细过程这里暂且不提，但是从一八八〇年三月的第一次大会到十一月的第二次大会的八个月时间里，国会期成同盟内部围绕左右两派主导

---

① 《邮便报知新闻》1879 年 10 月 31 日。

权发生了激烈的争夺。① 左派即"士族民权派"主张：第一，日本应该实行立宪政治，而且行政机构与立法机构应该拥有完全对等的权限；第二，目前运动的方式与将来国会的运作是紧密联系在一起的。换言之，他们认为，向政府请愿、提出开设国会的要求，以这样的运动方式成立的国会，无法获得与行政机构对等的权限。第一点用他们自己的话来说，即"今日人民热望国会不已，岂能欣喜于国会之空名，以为无论组织如何、权限如何，或选举权如何，只要设立了称之为国会的机构，即可谓大愿已成，我事已足?"② 同样，第二点用他们的话来表述，即"为何对国会之欲望浅薄，而不去期待更多? 既然期待更多，何故只是建言应该开设国会，而不是请愿要求开设国会? 既然请愿开设国会，为何要各地各县单独请愿，而不是日本举国共谋之?"③ 如果辅以若干解说，这里所谓的"建言"意味着通过元老院向太政官提出建议，而"请愿"则意味着直接向太政官提交请愿书，委托其转交给天皇，即"士族民权派"提倡将全国国民的意愿归纳到一份请愿书里，直接呈送给天皇。

与此相对，福泽系的《邮便报知新闻》却劝告各地的"在乡民权"结社摆脱爱国社的束缚，各自以独立的形式去要求开设国会，即所谓的"一国之独立应靠存在于国民中的独立之志气来保持。今日爱国志士无自家独立之气力，自己又无能力组成党派，受土州一个地方或其一两个人物左右，应称爱国社为土佐爱国社。今日各地志士仰土佐人鼻息之丑态，乃日本人民之莫大耻辱"④。

从上述左派《爱国新志》所阐述的主张和右派《邮便报知新闻》的提案中，我们很难立即判断出究竟是哪一方促动了全国各地的结社。爱国社以十一月第二次大会的召开为转折点，从国会开

---

① 坂野润治：《"爱国社路线"的再评价》，《社会科学研究》1987 年第 39 卷 4 号。
② 《朝野新闻》1880 年 3 月 27 日。
③ 《爱国新志》1880 年 7 月 24 日，明治文化研究会编《明治文化全集 自由民权篇（续）》，日本评论社，1968，第 52 页。
④ 《邮便报知新闻》1880 年 7 月 22 日。

设运动转变为组建政党，并于一八八一年十月成立了自由党，在其后的二十年里，自由党一直都是"民主化"运动的领导机构，这些都是事实。但是，在自由党成立的三个月前，政府内部的保守派井上毅在写给伊藤博文的书信中，却把福泽谕吉的交询社视为运动的真正领导机构，这也是事实。井上在信中这样写道：

> 去年请愿开设国会之徒，今日敛声息气，绝非归于静肃。据各地方报告，彼等皆忙于考究宪法，其考究宪法源于福泽之私拟宪法，除此无他。故今日福泽之交询社笼络全国多数人民，有约束政党之最大利器，其势力行于无形之间，冥冥之中浸润人之脑浆，其提倡者恰似引十万精兵驰骋于无人之旷野。[1]

与一八八○年的状况有所不同，一八八一年，经过热海会议，福泽开始掌握政府内部的"自上而下的民主化派"的大权，所以政府内部的保守派论客井上毅有必要夸大事实，把福泽描述成一个危险的思想家，这一点应该给予考虑。不过，集结了毕业于庆应义塾的多达一千六百二十九名官吏、实业家、地主、学校教员、学者、新闻记者的交询社，的确经由井上毅之手被描绘成了一个与志在组建自由党的爱国社势力比肩的组织。

贯穿本书始终的自由党、政友会与改进党、民政党的对立，在国会开设运动的全盛期就已经开始了。

结　语

众所周知，一八八一年十月，大隈重信参议以及支持大隈的福泽系少壮官吏被逐出了明治政府，明治政府承诺在十年后开设国会，同时否定了英国式的议院内阁制，决意效仿德国制定天皇大权

---

[1]　井上毅传记编纂委员会编《井上毅传　史料篇第四》，国学院大学图书馆，1971，第47页。

主义的宪法。但是，如果将这一众所周知的事实放在前面的文脉中重新审视的话，也可以称其为第三种"革命目的"的挫折。一八七七年的西南战争，首先使"新攘夷派"遭受了挫折。接下来，一八八〇年十一月政府做出的转让官营企业的决定，使"自上而下的工业化派"遭受了挫折。这一次，即一八八一年十月，是"自上而下的民主化派"受到了挫折。"自上而下的民主化派"的集结始于一八八一年一月井上馨与福泽谕吉的会谈，后经伊藤、大隈、井上三位参议参加的热海会谈而形成了一定的规模，在同年十月发生的"明治十四年政变"中最终败北。关于民主化派集结与分裂的过程，我们将在下一章中讨论。不过，这里需要指出的是，在这九个月里，"自上而下的民主化派"已然争取到了政府内部大隈、井上、伊藤等人的支持，并且在很大程度上已经渗透到了民间运动中。福泽的对手井上毅在下面这份书函中的讲述，即清晰地表明了这一点。

> 去年请愿之众人在东京府内也召开了国会期成大会，福泽大力倡导急进论，其党派达三四千之众，广泛蔓延于全国，连鹿儿岛内亦有其党羽。其他各地方此二三十天来有结合奋起之势，若任由其发展，恐有事态不测。如果不能在天皇巡幸后及早以圣旨公示人心之方向，则必为彼等占去先机，宪法也徒归于空文，误百年之大事，而无善后之策。[1]

然而，就在写完这份书函的三天，即十月十一日，结束了巡幸的天皇罢免了大隈参议，并在第二天发表了十年后开设国会的诏敕，所有的一切由此而终。这就是第三种"革命目的"的挫折。

截止到一八八一年十月，无论是"新攘夷派"，还是"自上而下的工业化派"，抑或是"自上而下的民主化派"，都是在其目标

---

[1]　井上毅传记编纂委员会编《井上毅传　史料篇第四》，国学院大学图书馆，1971，第343页。

达成一半的时候遭到了挫折。其后的政府，无论是政治改革，还是财政政策、对外政策，都采取了极端保守的态度。在政治方面，引进了即使在欧美发达国家中也被认为是最为保守的德国的宪法体制；在财政政策方面，采取了极端的紧缩政策以谋求国际收支与国家财政的健全化；在对外关系方面，在一八八二年和一八八四年日清关系趋于紧张之际，对使用军事力量这种方式也保持了克制。以"工业化""民族主义"或是"民主化"为旗帜的"立国时代"就这样结束了。

第二章　三种立宪政体构想

——以英国模式为中心

前　言

在第一章的最后，我们论述了一八八〇年"自上而下的工业化派"的挫折，同时，我们也对"自上而下"和"自下而上"的"民主化派"的攻势与挫折做了概述。但是，"明治十四年政变"既是明治维新以来三种"革命目的"相继受挫这一"立国过程"的最后阶段，同时也是与以制定宪法、开设国会、创设新的政治体制为目标的政体选择相对立的出发点。两条民主化路线由于"明治十四年政变"暂时遇到了挫折，但是，井上毅等人的保守政体论也并不是在这个时点上确立起来的。十年后即将建立的立宪政体，由于此后的力量对比关系以及体制构想能力的限制，在内容上尚留有诸多不确定的因素。

而且，政治体制的选择是一个复杂的过程，并不是说一八八九年二月《大日本帝国宪法》一颁布，就会马上得出一个结论。即便是对天皇大权给予了层层保障的《明治宪法》，其体现的是一种什么样的政治体制，要想获得广泛的共识，也必须经历数年的实践检验。正如德富苏峰在一八九〇年二月议会开设前夕所说的那样："举凡法律，非橡胶之质者甚少""更何况宪法之类，不过是决定其大致方针，设定其大致范围，若欲实施之，仍当依据其作用如何，予以若干增补，或予以删减"[1]。如果是这样的话，那么，"明治十四年政变"既是明治维新"革命目的"受到挫折的最终局面，

---

[1] 《国民之友》73 号，第 8 页，1890 年 2 月 13 日。

也是政治体制选择抗争的出发点，而这场抗争直到一八九四年才决出了胜负。在第一章中我们对维新"革命目的"相互对立的十年做了阐述，本章将对接下来的十年中围绕着"政治体制选择"而出现的矛盾与斗争展开分析，本章分析的中心不是"超然主义"和"天赋人权论"这两种代表着迄今为止广为人知的"官民倾轧"中"官"与"民"的理论，而是介于两者之间的稳健派的"议院内阁制论"。正如迄今为止的研究所揭示的那样，如果议会得以开设，那么，无论是完全不把议会放在眼里的"超然主义"，还是一味否决政府的政策但又提不出自己的对策，仅仅作为"天赋人权"派的"否决权集团"的议会论，都不可能持续太久。然而，在这两种并无未来的理论发生正面冲突并陷入僵局的时候，登场的不是有秩序的议院内阁制论，而是藩阀政府与议会中最大党派长久合作的"官民调和体制"。从一九〇五年日俄战争结束到一九二四年护宪三派内阁成立，存在了约二十年的"桂园体制"就是一个典型事例。"官民调和"的起点可以追溯到一八九三年第四次议会期间自由党转换方向时期。从一八八〇年前后自由民权运动进入全盛期，一直到一八九二年藩阀政府干涉大选，多年来"官民倾轧"不断。然而，第四次议会以后却出现了一百八十度的大转弯，"官民倾轧"变成了"官民调和"。直到大正末年为止的约三十年间，"官民调和"一直支配着日本。

对于迄今为止、也包括笔者在内的研究者们所揭示的持续了三十年的"官民调和体制"，笔者有一个疑问，即在"官民倾轧"与"官民调和"之间，是否有人追求过另外的政治体制，这种体制比前者的"官民倾轧"更现实一些，而比后者的"官民调和"更自由一些。笔者曾经在处女作《明治宪法体制的确立》（刊行于一九七一年）一书中揭示了第四次议会（一八九二～一八九三）前后自由党的右倾和改进党的左倾。[①] 如果以此为线索来找寻答案的

---

① 坂野润治：《明治宪法体制的确立——富国强兵与民力修养》，东京大学出版会，1971，第一章。

话，那么这个答案可能就隐含在改进党派所提倡的英国模式的议院内阁制论。

众所周知，一八八二年立宪改进党的成立，缘于前一年三月参议大隈重信呈递给左大臣的一份建议书。这份建议书非常有名，但没有受到足够的重视。这里先引用其中的一部分内容。

> 立宪政治中可体现民众愿望之地方，乃一国议院是也。何谓民众之愿望，乃议员过半数之瞩望是也。何人可谓众望所归之人，乃议员过半数之政党首领是也。（若君主命令该政党首领组建内阁）于外则握有左右立法部门之权力，于内则可操弄行政之实权。组阁之政党在议院稍有失势，政府提出的重大议案即会因反对党之反对而受到攻击，在议院屡屡成为废案。此时，失势政党下台为寻常之事。（若内阁欲重新问询民意）承蒙圣主允许，动用圣主特有之议员解散大权，即刻解散之，若议席占到多数，则内阁可以存续，若议席只占少数，则内阁必须让位。以上政党更迭之顺序，大致依循英国之例。①

稍后我们还会论述到，上述建议书的内容与一八七九年八月刊行的福泽谕吉《民情一新》的主张是完全相同的，不过，由明治政府的权威参议向左大臣提出应采纳伴随政权更迭的议院内阁制，这一事实本身更应该得到人们的重视。这说明，在"超然主义"和"天赋人权论"之间，作为避开"官民倾轧"的一种政治体制，明治政府的一部分实力派官僚已经对构建英国模式的议院内阁制表示赞同。而且，继承了其系谱的立宪改进党，在议会开设以后由"官民倾轧"向"官民调和"急转之际，成了批判无原则、妥协残存民党的中心。对于急进派自由党的体制化和稳健派改进党的坚

① 板垣退助监修，远山茂树、佐藤诚朗校订《自由党史（中）》，岩波文库，1958，第41~44页。

持，当时（一八九三年十月）的杂志《日本人》评论说："自由党变成了改进党，改进党却变成了自由党，二者的位置已然颠倒"①。如果改进党派的主张一以贯之是介于"超然主义"和"天赋人权论"之间的议院内阁制论，那么，对于其在一八八〇年代即"官民倾轧"时代表现出右倾，而在一八九〇年代即"官民调和"时代表现出左倾的做法，也就不足为奇了。

正如在第一章中我们所揭示的那样，因一八八一年三月的那份建议书而一跃成为有名的英国式议院内阁制论者的大隈重信，至少在一八七八年以前，是作为"君主专政家"的代表而被人们所熟知的。从明治初年到大隈建议出笼前夕，在明治政府内部一直为"自上而下的民主化"付出努力的，不是大隈重信而是井上馨。而且，我们也提到，一八八一年三月大隈建议的内容，只不过是对一八七九年八月出版的福泽谕吉《民情一新》的抄袭。如果没有对井上馨和福泽谕吉政治体制理论的解析，恐怕无法说明一八八一年前后英国式议院内阁制论在明治政府内部成为颇具影响力的政治体制构想的原因，同时也无法明白为什么这一构想会最终遇挫，而在一八八二年以后迎来了一个介于普鲁士式天皇大权主义与法国式天赋人权论之间的"官民倾轧"的时代。虽然在第一章中我们已经有过论述，不过，在本章的第一节和第二节中，我们还将集中对井上馨和福泽谕吉的政治体制理论再做进一步详细的探讨。

英国式的议院内阁制论在"明治十四年政变"以后的数年间历经了磨难。一八八六年五月末广重恭（铁肠）在《朝野新闻》上发表了《二十三年未来记》，文中描绘了作者想象中的最初议会场景："天赋人权论"议员与"神权论"议员围绕宪法体制发生了正面冲突，会议在一片混乱中解散。② 其时，（末广重恭想象中的）"天赋人权论"议员发言说，宪法当"遵从人民之意志制定"，所以，在"经由两三个有司之手起草"的现行宪法规定之下，"国会

① 《日本人》（第2次）第1号，1893年10月3日，第12页。
② 末广重恭：《二十三年未来记》，东京同盟书房，1886，第1~4页。

真的是有名无实"。初期议会应该做的事情是"将调查岁出岁入之事放在以后，先设立负责修改宪法之委员会"。众所周知，在议会开设之时，真正持这种"天赋人权论"立场的是中江兆民。而"神权论"议员则反驳说："宪法由神圣不可侵犯之天皇陛下钦定"，在这一宪法规定之下，国会只不过"审议内阁下发之议案"，并无"起草、废除宪法之自由"，"我邦固有之国体，虽有国会，然一国之主权依然存于皇室。绝不可与以民主政治主义为政体的美法诸国相提并论"。无须赘言，在《明治宪法》颁布的时候，表明其"神权论"立场的是黑田清隆等"超然主义"派。

但是，在即将颁布宪法、开设议会之时，在末广所说的"神权论"与"天赋人权论"的对立中，再次出现了稳健派"议院内阁制论"的身影。其中，德富苏峰的《国民之友》的主张，会让人觉得是一八八〇年前后福泽谕吉等人提倡的英国式议院内阁制论的再度复活。从大同团结运动时期到议会开设之后，这段政治史中苏峰议院内阁制论的定位，是第三节要讨论的课题。

第一节　明治初期的井上馨——以其立宪政体论为中心

在本节中，笔者将把以前在明治政治史的研究中，作为史料使用的井上馨的书函以及意见书按照年代顺序重新整理，并试图以其立宪政体论为中心，来描述明治时代的政治家井上馨心目中的近代日本形象。[①] 废藩置县前后的井上馨，作为大藏省内掌握实权的人

---

① 虽说如此，但笔者的研究也不是在真空状态下完成的，所以在重新整理井上文书的时候，笔者想把对笔者的研究产生很大影响的三项研究成果列举出来。

a. 大石嘉一郎：《松方财政与自由民权家的财政论——理解日本资本主义原始积累过程的一种尝试》，《商学论集》第 30 卷第 2 号，1962 年 1 月。后收录于大石嘉一郎《自由民权与大隈、松方财政》，东京大学出版会，1989。

b. 梅村又次：《创业期财政政策的发展——井上、大隈、松方》，收录于梅村又次、中村隆英编《松方财政与殖产兴业政策》，东京大学出版会，1983。

c. 御厨贵：《国会论与财政论——十四年政变再考》，收录于坂野润治、宫地正人编《日本近代史中的转换期研究》，山川出版社，1985。

物，擅权弄威。其势力甚至曾凌驾于正院之上，其他诸省更不必说，因此他常被人们比作"平清盛"。但是，自从一八七三年五月与涩泽荣一起被逐出大藏省以后，他就一直倡导以自上而下的方式引进立宪制，直到"明治十四年政变"。这个典型的中央集权主义者摇身一变，成了立宪主义者。

但是，无论是在转变前，还是在转变后，他的健全财政主义却是始终如一的。对于毫不顾及财政能力的"强兵"论以及"富国"论，井上一直持反对意见，在任大藏大辅、掌握着大藏省实权的时候，他也是如此。如果是处在一个安定的时代，作为大藏官僚，他的立场是符合常理的，然而在以"富国强兵""殖产兴业"为口号，以扩军、发展工业为最大目标的明治初年的政府中，井上显然是一个与众不同的人物。

从一八八〇年至一八八一年，将立宪制与健全财政主义捆绑在一起的井上的政策体系，作为明治政府的现实选择再次浮出了水面。但是，井上的立宪制论被他的宿敌大隈重信剽窃，而其健全财政论也被松方正义抢去了先机。如果是他的老师木户孝允遇到这种情况，一定会在给伊藤博文、井上等人写信发泄不满，然后从政界隐退。但井上心平气和地接受了这一现实，将精力转向了下一个课题。因为不管怎样，立宪制在未来的十年之内将得以确立，而松方健全财政论的内容本身即是井上原来的主张。近代日本，无论是政治体制还是经济体制，都在朝着"井上构想"的方向发展，但井上本人被排除在了这一构想之外。

井上为自己确定的下一个课题是在国际社会中确立东亚独立国家——日本的地位。从一八七六年到一八七八年，井上曾经留学英国，以此次的留学成果为背景，井上出任外务卿，致力于与英国谈判修改条约问题。

在修改不平等条约的谈判问题上，井上也没能将其成果占为己有。一八八七年，由于遭到了三大事件建白运动的攻击，已经接近尾声的条约修改谈判被迫中断，井上也不得不辞去外务大臣的职务。今天，如果让人说出一个明治时期外务大臣的名字，恐怕大部

第二章　三种立宪政体构想

分人都会想到陆奥宗光，稍微熟悉当时情况的人，也许会想到小村寿太郎。

在推行立宪制和健全财政论的问题上，也可以说存在同样的情形。如果被问到是谁以自上而下的方式推进立宪制这一问题的话，恐怕大部分人都会说出伊藤博文，也许有一部分人会说出"明治十四年政变"中被逐出政府的大隈重信。关于健全财政论，人们必定会异口同声地说出松方正义的名字。但是，正如本文下面将要介绍的，健全财政论与自上而下的立宪制，以及通过与英国的协调在东亚确立日本的独立地位，这三大基本政策问题一直都是井上馨作为明治政府内部的先驱主导的。

接下来，本文将对井上馨在财政论、国会论、外交论三个领域中，一边与握有实权的反对派抗衡，一边实现自己主张的经纬进行梳理。不过，由于时间限制，关于第三个领域即外交论，笔者将另找机会探讨。因为，笔者希望在伊藤隆教授从东京大学退休之前，无论如何也要完成这篇论文。从笔者考入文学部国史系，一直到一九七一年出版第一部著作，这十余年间，伊藤教授一直都是笔者真正的导师。

（1）废藩以前，世人诽谤小生等之类急进，然今日情势倒转……

（一八七二年六月十日）

以大隈重信和井上馨为中心的大藏省官僚，主张经济现代化成为废藩置县的一股原动力，这一点早已为丹羽邦男等人的研究所证实。[1] 另外，众多研究也表明，"文明开化"政策的真正实施，源于废藩置县以后岩仓使节团的欧美考察。但是，已成为废藩置县原动力的大藏省官僚通过欧美考察更加确信了实施"文明开化"政策的必要性，在这一构想面前，井上馨却成了障碍物。

---

[1]　丹羽邦男：《明治维新的土地变革》，御茶水书房，1962。

在井上看来，最热心于"文明开化"的不是遣外使节团，而是留守政府。前面的引文，是一八七二年六月十日井上写给木户孝允信函中的一节，其时木户孝允正在随岩仓使节团出访欧美的途中。引文的前后内容如下。

> 原本不计国力创立事业乃日本人之弊风，若论究其理则悖离人情，如默从则不仅达不到富国之目的，还影响邦家之衰灭，不管如何开化亦无用处。……今日之进步神速，小生等钝足实难以相及。废藩以前，世人诽谤生等之类急进，然今日情势倒转，奈何不能随御者驰骋千里。以此推测，三四年之内财力之窘迫必至，自今担忧至极。……衷心奉祈大久保与伊藤为改正条约滞留，先生先行一步早日归朝。……社会上盲目开化者人数众多，与生等之预料多有相违，实为遗憾至极。[①]

显然，对留守政府急进的"文明开化"政策持有异议的大藏大辅井上馨，向作为岩仓使节团副使、滞留在"文明开化"之邦——美国的木户孝允倾诉，期待他回国阻止当下的开化热潮。

正院及各省急进的开化政策与大藏省渐进主义的对立，终于发展成了一八七三年五月井上馨、涩泽荣一（大藏省三等仕官）的联袂辞职。下面我们将会介绍，两人辞职时联名提出的建议书，是对留守政府急进的文明开化政策彻头彻尾的批判。建议书先是对维新以来的文明开化热做了一番描述，然后，对政府操之过急的开化政策进行了批判，称"然臣等在此有忧虑之处"。

> 维新以来不到十年，庶绩就绪，万方向化，于内恢弘数百年衰败之纪纲，于外折中盛行于五大洲之制刑，变封建以定郡县，废门阀以举贤才，律兼万国之公法，议尽四海之舆论，学

---

① 井上馨侯传记编纂会编《世外井上公传》第一卷，内外书籍，1933，第520～521页。

分八区以诱导无智之民，兵置六镇惩不逞之徒。瞬间达远方则舟车同借蒸汽之力，万里报急则海陆皆靠电信之机。心用之于贸易，力尽之于开拓，其他如造币、制铁、灯塔、铁路，以至街区、道路、屋舍、衣帽、床几等琐细，日变月革，骎骎乎入开化之域，其势驷马亦不可及。如此以往，不出数年即可具备文明，与欧美诸国相比亦不逊色。凡志向于国家者，皆欢喜相庆。然臣等在此有忧虑之处。[1]

大藏省曾经是急进的近代化派的据点，然而，对于留守政府在司法体制、教育、军事、交通、电信、产业、生活等所有方面推进"开化"的急进政策，其中心人物却提出了异议。

以我们今天的观点来看，大藏省官僚出于对财源不足以及通货膨胀的警惕，对举国上下的开化热加以管控是理所当然的。但是，大藏省的官僚刚刚以"开化"的旗号将全国的租税集中到自己的手中，如今却又反过来高唱健全财政论，试图阻止"开化"，这一手只能说太漂亮了。不得不承认在官僚制度尚未确立的一八七三年，井上、涩泽就已经是优秀的大藏省官僚了。

对正院以及各省急进的近代化政策持反对态度的井上馨，打算忠实履行"使节团一行与留守看家人相互尊重之约定"[2]。基于这一立场，井上期盼着岩仓使节团的归国，以至于"除日日企望使节团归朝外，并无其他"。井上被逐出大藏省是在一八七三年的五月十四日，而使节团中的大藏卿大久保利通回国则是在同一月的二十六日。如果大久保提前两周回国，井上和涩泽是不是就可以保住他们的地位呢？换句话说，随使节团出访、萨摩出身的大久保利通，与在留守政府中执大藏省牛耳、长州出身的井上馨，是否持相同的政策立场呢？在同年十月的征韩论争中，大久保提倡"内治优先"，为了殖产兴业创设了内务省，并且亲自出任内务卿；而井

---

① 《世外井上公传》第一卷，1933，第549～550页。
② 《世外井上公传》第一卷，1933，第524页。

上馨则提倡健全财政论，反对留守政府的急进开化政策，可见他们之间是存在矛盾的。

萨摩藩的政商五代友厚接近大隈重信，策划了将井上馨赶下台一事，而且大隈还曾试图与大久保联手，这是大久保与井上馨之间互不相容的左证。在井上与涩泽提交了辞呈、大隈重信取而代之被任命为大藏省事务总裁的一八七三年五月九日，五代致信大隈："今早得到消息，知变革云云，愉快难以自抑，今夕与副田辈一同登楼，举杯庆贺。无需多言，盗首等呈递辞职表，此节既允，当由阁下断然取代之，以此奉贺。"五代等人将无视正院、我行我素的井上馨比作平清盛，把涩泽荣一则比作了平经盛。①

大久保在五月二十六日刚回国，六月二日松方正义就与大久保进行了会谈，汇报了五代的事业进展情况，同时也从大久保那里窥探到了让大隈出任"大藏省事务总裁"这一意向。②

综合上述情形来看，萨摩藩的大久保利通对于大隈重信、松方正义、五代友厚等人对井上馨的排斥未必是持否定态度的。而且，一八七四年征韩论分裂以后，由大久保内务卿和大隈大藏卿推行的殖产兴业政策得到了代表大阪财界的五代的支持，这三人的关系也证明了这一点。

与考察欧美各国的岩仓使节团一行相比，留守政府的西化热潮也毫不逊色，这是迄今为止众所周知的事情。比如，代表司法省随使节团出访欧美的佐佐木高行，在归国后就从朋友那里听说："赴欧考察一行人出乎意料地因循守旧，反倒是留守政府进步。留守政府终究不愿输给赴欧归来之人，故甚为积极地推进西化"③。但是，这并不意味着使节团是因为对开化政策不满才归国的。从下面这段文章中可以看出，井上对留守政府开化政策的批判，也是对归国后

---

① 日本经营研究所编《五代友厚传记资料》第一卷，东洋经济新报社，1971，第192～194页。

② 《五代友厚传记资料》第一卷，第197页。

③ 东京大学史料编纂所编《保古飞吕比（佐佐木高行日记）》第五卷，东京大学出版会，1974，第380页。

使节团的批判。

> 苟唯以政理之事为主，人们若存爱国之情，岂有敢不企望
> 文明之政治如欧美诸国者？以现今在官之士，足尚未踏其地，
> 目尚未见其事，仅以译著窥之，以照片阅之，即奋然兴起欲与
> 之相抗，更何况每年客游海外者乎。及其归，或以英国为优，
> 或以法国为胜，荷、美、普、澳，皆以其所长与我比较，街区、
> 货币、开拓、交易自不必说，兵、学、议、律、蒸汽、电信、
> 衣服、器械，举凡有助于我邦文明者，纤毫不遗，巨细不漏，
> 无不求我亦具备之。此固然乃人情不得已之处，虽不能言其非，
> 然若一味以其形为主而不重其实，政治终将与人民背道而驰，
> 法制益美人民益疲，百度愈张国力愈减，功未成国已陷贫弱，
> 虽有善者而不能善其后。果然如此，国家何以存立焉？[①]

在担任大藏大辅时期，井上从经营者村井茂兵卫手里夺走了旧
盛冈藩的尾去泽铜山，并将其处理给了冈田平藏，辞职后便与冈田
一起经营起了铜山。辞去大藏大辅以后的井上在相当长的一段时期
内没有就任任何官职，显然与这一不正当事件有关。但是，还有一
个因素也是不容忽视的，那就是井上从健全财政主义的角度出发对
政府所持的批判立场。因为有这个因素，征韩论分裂以后的井上更
愿意接近民权派，他变成了大久保、大隈体制的批判者。

（2）山芋不除，则政府事业不举

（一八七四年十二月一日）

井上馨明确提出以渐进的方式推动政治体制向立宪制过渡，是
从一八七三年十月围绕征韩论，政府出现大分裂以后开始的。太政
大臣三条实美因无法处理两派的正面冲突而出现了精神错乱，十月

---

① 《世外井上公传》第一卷，第552～553页。

二十一日岩仓右大臣受命担任太政大臣事务代理。井上馨在同一天写给伊藤博文的书函中记述道："闻听首相（太政大臣）忽然发狂，此事于个人实乃不幸，然于邦家无碍。仍有扶助邦家危难之意，故此间举岩翁代行其职，想必定能尽力专一，立其根本。拜访之际阁下提出元老院、下院之说，此时乃组建类似机构之好时机。愚以为征韩之事乃发狂之言，以取消为上策。"①

众所周知，从一八七四年末到一八七五年初，井上一直在为促成大久保、木户、板垣三人举行大阪会议而周旋，并且促成了元老院的设置和地方官会议的召开。井上在征韩论分裂之际提出的构想，经过近一年的努力终于变成了现实。

这里需要留意的是，井上的立宪制过渡理论与抑制萨摩势力膨胀、财政紧缩理论是连在一起的。在一八七四年十二月一日写给木户的书函中，井上论述道：

> 大久保亦于二十七日晨回到横滨，兵队欢迎之，当地人民庆贺之，场面殊为隆重。老台上书，后来无朝鲜或其他好战之事，富强之术开明之手段，当取消无用之费，此等事宜也望充分提请伊藤、山县注意。内外之威权一度又归政府。愚以为若"山芋"趁机得势，大家一味屈从，则人民只有迷死一途。当今与小室、古泽同行前往大阪。彼等亦以为，"山芋"不除则政府事业不举。板垣不久亦将赴大阪。故小室、古泽两人请小生催促老台速来浪花，同时亦唤板垣急速前来，以共商国家前途之大事。又，此番必不同以往，谋划土佐、长州合力辅助政府等主意。只依循政府之目的、法律之方法来讨论的话，进展一定有趣。②

从这份书函可以看出如下几点：第一，井上反对针对中国台

---

① 《世外井上公传》第二卷，1934，第585～586页。
② 《世外井上公传》第二卷，1934，第614～615页。

湾、朝鲜的军事行动。第二，他反对外征，虽然提倡"富强之术开明之手段"，但同时强调依然要"取消无用之费"。第三，大久保赴北京处理出兵台湾一事功成而归，井上由此对"'山芋'趁机得势"保持高度警惕。第四，他认为旨在对抗萨摩的木户与板垣接近，这与土佐派与长州派的接近不同，他们是以"明确政府之目的、重视法律之方法"，即以成立立宪制政府为目的的。

关于其中的第四点，即向立宪体制的过渡，井上在一八七四年十二月十八日写给木户的书函中有更加明确的阐述，即"只是小生认为，从前法存于人，常凭其人之想象处理事务实不可取，建立法律依其办事而使法律不可动摇，若物事几番变换，则秩序难以相立，终成无益之事。于此，反对立宪政治者众，如此改革愈发变得朝三暮四，最终必不能达成政府之目的。故当以老台之论，折中板垣等人之意见，以适合我国国情之方法开设议院，充分给政府权力，如是则可成协和之道"①。

"ヲンリッチンロー"，即 unwritten law，大概是指英国习惯法所主张的立宪政治。由于人们对板垣等倡导的英国式立宪政体太过反感，有可能招致政府分裂，所以井上主张采纳木户的意见，设立与我国国情相适应的议院，在"充分给政府权力"的基础上开设议会。

问题在于第三点，即"一举挖掉山芋"的主张。"山芋"显然指的是毅然决然地向台湾出兵的萨摩派军人，不过这一主张大概也有抑制政府内部的萨摩派，即大久保、大隈体制的意图。从书函中"内外之威权一度又归于政府""'山芋'趁机得势，政府一味屈从""'山芋'不除，则政府事业不举"等表述来看，井上所指不仅仅是萨摩派军人，似乎也包含了大久保、大隈等殖产兴业派。

仅从这份信函很难做出结论，但是从大隈以及五代等人的反应

---

① 《世外井上公传》第二卷，1934，第 618～619 页。

能够清楚地看出，包括大隈在内的开发派，对大阪会议所达成的向立宪制过渡的意向，以及对木户、井上、板垣等人复归政府，持强烈的反对态度。五代在一八七五年三月十二日给大隈的书函中写道：

> 闻言阁下对木户再次复归数次予以阻拦。若阁下迫于时势不得已退职，可速来大阪，余等绝不会使阁下蒙受约束。虽无需多言，然在此之前还希望阁下忍耐，甲东（大久保利通）亦有此意。①

另外，大久保利通也于三月十七日在政府内部决定设置元老院和大审院后不久，致函五代，信中记述道："此地并无特别变化，想来可从报纸上获悉事情之发展。世间人情淡如水，余心知肚明。千祈万祷，不知何日可得逍遥于花鸟风月之时节。多余的辩解鬼亦会发笑，恕余就此搁笔，推测而可知心事"②。一八七五年四月政府决定设置元老院和大审院，并召集地方官会议，以天皇的名义约定"渐次确立国家立宪之政体"。此时的大久保利通本应该为这一制度改革全力以赴，然而，从他的信中丝毫感受不到这一点。另外，《明治天皇纪》四月五日的阁议记述中，有这样一段记载："参议黑田清隆曰，往昔制度之改革有过数次，然大多有名无实，与旧制无二致，故难言其可否。利通拜访清隆，劝其暂且从议，然清隆不肯。太政大臣三条实美亦出面游说，言难保其为确乎不拔之改革，终不肯在草案上署名"③。可称为大久保左膀右臂的开拓长官黑田清隆与大藏卿大隈重信，对大阪会议以及一八七五年四月实施的第一次向立宪制过渡的改革，表示了强烈的抵抗。

---

① 日本经营史研究所编《五代友厚传记资料》第一卷，东洋经济新报社，1971，第251页。
② 日本经营史研究所编《五代友厚传记资料》第一卷，东洋经济新报社，1971，第253页。
③ 宫内厅编《明治天皇纪》第三卷，吉川弘文馆，1969，第414页。

第二章 三种立宪政体构想

（3）清盛主张人民之论，归朝在即，变转乃其术中之术。

（一八七八年七月八日五代致北畠治房书函）

作为大阪会议的核心人物，井上原本打算作为元老院的议员回归政府，但是，由于前面提到过的尾去泽铜山事件而遭到起诉，愿望没能实现。然而，由于一八七五年九月江华岛事件的爆发，控制着政府中枢系统的大久保、大隈、松方正义等开发派，不得不求助于木户、伊藤、井上等长州立宪派。这是因为，如同一年前出兵台湾时一样，开发派即使将长州立宪派视作敌人，从财政角度出发他们也不可能做出支持萨摩派军人和士族的选择。取代井上负责大藏省事务的松方正义称："今如再起征韩之兵，行军一日不知耗费几万现货。终致举国现货一扫而光，至唯有纸币留存之日，则金融顿阻，国民坠产，必陷于流凶涂炭之中。"① 松方对于再度出兵表示了强烈的反对。

萨摩派财政负责人的意向也是萨摩派实业家的意向。在黑田清隆作为全权特使，为处理"江华岛事件"渡韩交涉的一八七六年二月，五代友厚曾写信给旧藩时代的家老桂久武，信的内容如下。

> 黑田作为特命全权使节出使朝鲜，虽尚未有捷报传来，然必带来平稳之机运。若不得已至开战，全国财政该如何运营？全国的金货剩余不及两千万日元，然大藏省每年支付外国之金货有四百余万日元，开港地进出口差额达五百万日元之多，两年以后何以确保全国之财力？加之外国一朝酿事，银货流出量之倍增，毋庸置疑，如我辈之商客私下多有苦虑。②

以出兵台湾为转折点，萨摩派的财政负责人及实业家们，也渐渐地与井上馨的立场有了几分相近。或许也可以说是萨摩派的文

---

① 《反对对韩出兵、条约改正先决意见书草稿》，《松方家文书》第 56 册第 12 号。
② 《五代友厚传记资料》第一卷，第 266～267 页。

官、实业家与萨摩派军人之间的分歧变得渐渐清晰。在同年二月六日写给大久保的信函中，五代这样写道："西国'山芋'亦动静不明，吾在这里尽力留意，将会随时通信报告"[①]。在这里，所谓的"山芋"说的不是自己一伙，而是专指由西乡隆盛等私人学校组成的小集团。

这时大久保也准备让长州立宪派组成的井上复归政府，派遣其作为萨摩强硬派黑田清隆的副使前往朝鲜，以期通过谈判来解决朝鲜问题，回避开战。当时与井上一起经营先收公司的益田孝曾向公司关系人吉富简一汇报过此间的一些内情。

> 大风又刮起来了。今年自春天伊始即风刮不断，余之苦恼与阁下一样。以为大风总算过去了，谁想又刮了起来，反反复复竟不知有多少次。井上兄受伊印之命与黑田一道前往朝鲜一事……木户公卧床，二县天平之砝码，无井上兄或伊印不会平衡，二县难保平安。伊印不能前往，众人皆推井上兄，以为除他以外再无别人。若欲求得力量之平均唯有出使，不能凭己之所好选择。……若得一位好男儿做丈夫，妻子会担忧其为其他妇人所夺，故而日日悬心，此间情形恰与此相同。真乃困却万千。[②]

与大隈、松方交好的五代友厚，与以井上馨"妻子"自认的益田孝是商场竞争中的仇敌，但是，作为实业家，他们在出兵台湾这样的问题上态度是一致的，即他们都早已厌烦透了。关于大久保的立场，通过他在一八七五年十二月十三日写给伊藤博文的信函中可以看得很清楚。信函中有如下一节内容：

> 关心井上之一条如何处置。与黑田亦细谈过此事，认为其

---

① 《五代友厚传记资料》第一卷，第 265 页。
② 《世外井上公传》第二卷，第 693～694 页。

不会以粗暴之举贻误国家大事，对此没有一点儿疑惑，但人各有长短，此乃不可避免之事，政府必须注意，一定以其人补充之。愚以为该氏同行一事，于彼于我皆非常适合，故此拜托。[1]

　　就在大久保致函伊藤博文的同一天，井上在山县有朋与伊藤博文的聚会上做出了就任副使的承诺。真是立竿见影，长期以来一直阻碍井上重归政府的尾去泽铜山事件也有了着落。十二月二十六日，东京高等裁判所对井上做出了罚款三十日元的判决，第二天井上成为元老院议员，同时被任命为出使朝鲜的特命副全权办理大臣。

　　本来，井上接受副使一职，是为了以政府高官的身份出国巡游，这是他向往已久的。在承诺就任副使之后不久，即十二月二十三日，井上就致函伊藤，"诚如别袖时之恳请，待到欧洲成行之际再提出晋级甚是无趣，故如晋升为一等官，得议长一职则心愿足矣，恳乞尽力成全"[2]。以元老院议长、一等官的政府高官身份游历欧洲，是井上接受副使一职的条件。井上在赴朝前夕又再次叮嘱："此行自然是念及兄台等之情义，自今恳愿归来时小生之宿志必能实现。"[3] 此时井上的"宿志"已经不是成为一等官了，而是赴欧巡游。在一八七六年一月十六日给伊藤的信函中，井上写道："归国之后，只赴欧一条望予以保证，小生之期待唯此一事"，没有再提及有关官位的事情。[4] 顺便提及一下，井上对就任副使一职兴致并不是很高，原因是他不得不屈就于黑田之下。一八七六年四月二日，井上在给木户的信中记述道："朝鲜之行亦心中不安，做

① 伊藤博文关系文书研究会编《伊藤博文关系文书》第三卷，塙书房，1975，第233页。
② 伊藤博文关系文书研究会编《伊藤博文关系文书》第一卷，1973，第141页。
③ 伊藤博文关系文书研究会编《伊藤博文关系文书》第一卷，1973，第143页。
④ 伊藤博文关系文书研究会编《伊藤博文关系文书》第一卷，1973，第145页。

黑田副官，抛弃了自己的名誉，只从平衡论出发而委曲求全。"①

井上在成功缔结《日朝修好条规》之后，于一八七六年三月四日归国。四月二十二日，井上就接到了赴欧洲考察各国财政金融状况的命令，为期三年。他在六月二十五日动身前往旧金山。此后，为了等待与木户孝允会合，在纽约一直逗留到八月中旬。但是由于大久保的反对，木户的出国考察没有成功。于是，在九月初井上到达了原来的目的地伦敦。在纽约逗留期间，井上的言行中有两个值得关注的地方。第一，当时的美国经济与他的预期相反，由于依靠资金的借贷扩大投资，故而呈现出一种景气扩大的态势。对此，井上写信给伊藤，"以我辈之狭隘心胸，无合我意者"②。他的经济理论依然是健全财政主义，"首先政府若不注意节俭，减免农税，后果会如釜中之鱼"。第二，在下面这封公认为在航行途中写给伊藤的书函中，井上对因伊藤与大久保接近而导致伊藤与木户不和一事，相当直率地表达了他的感想。

> 海上静思熟虑，总觉得政府之事，无论何事一旦急进必会带来损害。愚以为，老兄为大久保所重，老兄依赖大久保，双方若超越其度，则其害必多。内务尾大，若不加以特别注意，日后之改革恐难如愿推行。木户之事请慎重考虑。小生甚为担忧会发展成两立之势，尽管提出来显得疏远，还望多多注意。③

如果大久保与伊藤接近，而且伊藤一步登天爬上了与木户对等的长州派指导者的位子，那么，因健全财政论和立宪制论一直被萨摩派政治家敌视的井上，其立场一定是很微妙的。"江华岛事件"平静以后，井上踏上了长期外游的旅程，个中原因或许与此也有关

---

① 《世外井上公传》第二卷，第718页。
② 《世外井上公传》第二卷，第725页。
③ 《世外井上公传》第二卷，第730～731页，1876年7月17日。

联。井上筹划了大阪会议，推动天皇发布渐次向立宪制过渡的诏敕，并且作为全权副使负责"江华岛事件"的善后工作，最终缔结了《日朝修好条规》。然而，前往英国以后，他却开始认真地践行"活到老学到老"的誓言，称"敢于不耻下问"，这其中也是自有一番隐情的。

　　熟知井上馨的人的确能够从他的身上感受到实实在在的人生哲学。大藏大辅时代的井上被人们比作平清盛，直到一八七三年五月辞职前，他一直权倾朝野。后来与民权派携手动摇了大久保—大隈体制，在大阪会议上他又扮演了调停者的角色。然而，就是这样一个人物，在伦敦逗留期间却立下誓言，要"在三年内用心钻研学问以达宿志"[1]，每个周末他都将福泽谕吉门下二十岁左右的留学生聚集起来一同学习，以"活到老学到老"的姿态，平心静气地埋头于学问。留在国内的晚年的木户孝允写信给他，发泄对萨摩派专制的不满，对此井上这样回复道：

> 　　归根到底，老兄还是有让他人准备宴席而自己却非食主之忧虑，有些心理失衡之味道。无论如何，为己忙碌，尽其事乃上策。世间岂无为他人而曲己，抑或因他人而改变自己目的之事乎?[2]

　　即井上对木户提出忠告，即便对萨摩派的专横不满，毕竟"势之所生之处，人心亦从强者"，如果无法忍受这种现状，可以以出席巴黎博览会的名义，赶快来西欧，而且井上也诚恳地为木户的西欧之行做了一番筹划。

　　当井上试图通过自上而下向立宪制过渡的方式来削减现有政权权力的时候，其针对的对象有两个。其一为独占中央政权的大久保、大隈、黑田、松方等萨摩派集团，实业界的五代友厚也位列其

---

① 《世外井上公传》第二卷，第732页。
② 《世外井上公传》第二卷，第743页，1879年2月5日。

中。另外一个是岛津久光集团和西乡隆盛集团，这两个集团虽说也属于萨摩派势力，但是以鹿儿岛为阵地，几乎成了独立王国。井上在批判这两个政敌的时候，对前者谴责其中央集权的弊端，对后者则是慨叹其没有形成中央集权。关于后者，比如在一八七六年秩禄处分①之际，针对政府唯独对鹿儿岛给予特殊待遇一事，井上曾致函木户：

> 禄制一事，萨摩表现出不满，遂最终给予其特殊对待，实在使人恐愕至极。……有如此不公平之举，如天下乃萨摩之天下，而非人民之天下。遗憾至极。②

这里所谓的"萨摩之天下"，是对以岛津、西乡为代表的鹿儿岛士族专横的批判。然而，在同年三月二十八日写给木户的信中，井上批判的是"中央权力愈发强化"。作为对策，井上提出应该"明确立法、行政，逐步建立起立宪君主制，削减中央权力，代之以人民议政"③。

回过头来看，这两股萨摩势力之间的争斗，常常使井上的立场摇摆不定。一八七五年在大阪会议上，井上敦促大久保同意元老院和地方官议会的设置，以为成功地"削减了中央权力"，然而，这也只不过是转瞬之间的事情。很快，他就不得不为抑制因"江华岛事件"的爆发而愤慨难平的另一股"萨摩"势力而去拯救大久保等人。西南战争前夕，让身在伦敦的井上感到痛苦的，依然还是应对这两股萨摩势力的问题。

不过，西南战争的爆发一举解决了这一问题。政府军对叛军镇压得越是彻底，萨摩势力就越能得到有效的遏制。因为萨摩势力的一方被消灭，另一方在政府内部的发言力度也会被迫下降。九月

---

① 秩禄处分：1876 年明治政府全面废除给予华族、士族的家禄。——译者注
② 《世外井上公传》第二卷，第 742～743 页。
③ 《世外井上公传》第二卷，第 748 页。

第二章　三种立宪政体构想

末，西乡等人战死在山城。西南战争一结束，井上即向伊藤转达了回国复归政府的意向。在一八七八年二月十四日写给山田显义的书函中，井上对通过自上而下的方式向立宪制过渡，以实现西南战争后内政再编的自信跃然纸上。

> 西方之事亦因老兄等之奏功终归于太平，及至万民安心，于邦家可喜可贺。然愚以为，武士虽将来仍可居于士族之位，方今实则日日贫弱，由此而时时生出诸种变态。尔后所祈，非小生主张之非常共和，亦非特别强化人民之权，政府掌握少许权力，依人民之异见为政。然永远延续中央政府之现状亦非良策。分部分权力于地方，地方官亦遵从民意分权力于人民，若非如此，则人民爱国之情日薄一日，国力必然退步。木翁业已远行，真诚希望我等同心协力，至少应继承木翁平生之宿志。祈望老兄也多加注意，尽可能与山县等不生异论。[1]

一八七八年二月十四日井上在伦敦所阐述的见解，受一八七七年十一月刚刚刊行的福泽谕吉《分权论》影响的可能性并不大。但是，如前所述，中上川彦次郎、小泉信吉等福泽的门生在伦敦时，每周六都会聚集在井上的府邸，以读书会的形式研读政治经济学。而且福泽的《分权论》也是"对我社友在各种聚会宴席上的闲谈的记述"，并不是在一八七七年十一月突然完成的。[2]当然，正如前面我们数次提及的那样，通过自上而下的方式向立宪制过渡，是一八七三年征韩论分裂以后井上所持的一贯立场。但是，从应对不平士族的观点出发强调地方分权的必要性，论述通过"（政治）参与"培养"爱国之情"，这一点与福泽的《分权论》是一脉相承的。

井上在伦敦获悉了萨摩势力的一方在西南战争中已经崩溃，因

---

① 《世外井上公传》第二卷，第759页。
② 《福泽谕吉全集》第四卷，岩波书店，1959，第233页。

而对自己多年以来所主张的立宪制过渡理论更加有信心了。就在回国的准备基本就绪的时候，对井上来说另一个"萨摩"——大久保利通遭到了暗杀。井上立刻整理行装，踏上了归国的旅途。

井上回到日本是在一八七八年七月十四日，本小节标题中引用的五代写给北畠治房的书函写于六天前。"清盛主张人民之论，归朝在即"，这句话的确切程度从以上的记述中足以得见，不过，接下来"望前往邻家详谈"一句，表示了对北畠的期待，这一点也很重要。①北畠在七月二十二日写给五代的书函中，称大隈为"邻家"，即五代是想通过北畠向大隈发出警告："清盛主张人民之论，归朝在即，变转乃其术中之术"②。

但是，这份书函中还有更加使人震惊的内容。其中有一节记述的是森山茂从元老院干事柳原前光那里探听到的情报，即"所谓民权之论，真正主张民权的人并不存在，只有在书信中对立宪政体之布告发布时机表达意趣者。其中，伊藤大致有主张人民权力之意。君主专政家只大隈卿一人"③。在三年后"明治十四年政变"发生之际，明治政府内部最为急进的国会开设论者大隈重信，在这个时点上却是明治政府内部唯一主张"君主专政家"之人。

从"明治十四年政变"来看，这一事实让人颇感意外。不过，前面我们已经详细考察过一八七五年大阪会议以来井上馨的立宪政治主张，所以在我们看来，这并不是什么不可思议的事情。这份书函中也提到了"对立宪政体之布告发布时机表达意趣者"，这里的"布告"即一八七五年四月十四日发布的"渐次确立国家立宪之政体，欲与汝众庶共享喜悦"的诏敕，是通过井上馨等人的努力得来的。对于大久保和大隈而言，其只不过是长州派和土佐派联合起来强加在自己头上的东西。另外，在前面介绍过的井上在伦敦逗留期间写给木户的书函中，有"中央权力愈发强化""削减中央权

---

① 《五代友厚传记资料》第一卷，第305页。
② 《五代友厚传记资料》第一卷，第306页。
③ 《五代友厚传记资料》第一卷，第305页。

力，与人民代表等议政"等说法，这里所谓的"中央"，毋庸置疑指的是大久保利通和大隈重信。与大久保和大隈属于同一战线的五代友厚也谈道："原本如我辈之见，民权乃开化之民所论之处，似我国这般野蛮，唯有以专政强压之，凡事非引导不能开步，故当赞同大隈卿之论。然时势如何尚不可知，是否会有不能维持之时呢？伊藤是否亦会推波助澜呢？"由此可见对于大隈重信的君主专政论，五代基本上是持支持态度的。

"以专政强压""野蛮"之民、"凡事非引导不能开步"的体制发展到了"时势如何尚不可知，是否会有不能维持之时"的地步，这种状况与近年来发展中国家由开发独裁向民主制过渡的情形颇有相似之处。不过，还是可以举出很多不同的地方，譬如，以武力支持明治维新的"革命军"对"开发"是持否定态度的，而以武力镇压"革命军"的政府军并不具备成为开发独裁主力的力量；执大藏、内务、工部"开发"相关三省牛耳的大久保、大隈、伊藤等人，并不具备实行"独裁"的权力基础；另外，在木户孝允、板垣退助、井上馨等人的压力之下，一八七五年四月天皇发布了向立宪制过渡的诏敕；还有，镇压内乱耗资庞大，从而使最为关键的"开发"政策因财政困难而没有收到预期的效果。总而言之，由于西南战争的结束和木户、大久保的相继离世，明治政府正面临着一种新的选择，一八七八年七月十四日井上馨的归国即是这一转折的象征。

（4）大隈公掌握理财之要枢，井上之地位亦与此相当。如此，两雄相争必生纷争，此事洞若观火。

（一八七八年五月二十一日森山茂致五代书函）

七月十四日井上回国，二十九日被任命为参议。伊藤任内务卿以后，井上也跟着就任工部卿。井上虽然很有实力，但迄今为止只担任过大藏大辅和元老院议员等职。这一次他终于登上了明治政府的中枢要职。

据天皇的亲信佐佐木高行（元老院议员兼一等侍补）所言，吉井友实、土方久元、元田永孚等侍者，曾拼命阻止井上出任参议，是"大隈参议们的请愿"使井上就任参议成为事实。① 从前面我们讲述过的井上对大久保、大隈体制的一贯批判来看，大隈自告奋勇去保荐他的最大敌人井上就任参议、工部卿，有点难以置信。与大隈的府邸相邻、一直扮演着大隈亲信角色的司法省判事北畠治房，甚至曾与一直将大隈视为自己事业庇护人的五代联手，通过司法部门将井上的旧恶抖出来，试图阻止井上就任参议。②

但是，萨摩派先是失去了西乡隆盛，如今又失去了大久保利通，对他们而言，已经没有能力可以阻止井上复归政府了。松方正义在大久保遇害不久就致函五代，称"井印必然成工部之首"③。另外，曾图谋阻止井上就任参议的北畠也在八月八日的书函中向五代汇报道："清盛尔后常来邻家（大隈府邸）。今日景况，丝毫无抵抗之迹象。"④ 大隈虽然不欢迎井上归朝，就任参议、工部卿，但是在井上一方避免对决的情况下，他已经没有从正面进行反击的能力了。

与此同时不容忽视的是，我们在前一小节的末尾提到过的大隈—专制、井上—立宪制的对比。内务省劝农局的河濑秀治通过五代的介绍拜访过大隈，在当时的会谈中听到大隈如此评价井上：

> 近日井印归朝一事，察其形势，世间关注颇多，鄙人迄今为止亦听闻不少归朝传言，也有来信提及。据传闻所言，其模样完全如英国人，若以其势归朝，向当时身居要职者游说，究竟该当如何？鄙人稍有担心。然此人归国后即来拜访，却见其心胸开阔，言谈反比从前务实，对从前所行盛气凌人之事亦多

---

① 《保古飞吕比》第八卷，1976，第149页。
② 《五代友厚传记资料》第一卷，第306页。
③ 《五代友厚传记资料》第一卷，第301页。
④ 《五代友厚传记资料》第一卷，第314页。

*少有些悔悟，断不会有在当时政务上起波澜之事，或可放心……*①

认为井上对英国立宪政治的迷恋并不像谣传的那样，从而对其褒扬的不是别人，正是大隈重信。然而，三年后，大隈在他的建议书中提出应尽早实行英国式的立宪政治。井上在读了大隈的建议书后，向伊藤表达了他的不满"彼之先生一心想得人望，时至今日仍无定说，想必阁下亦有所知"②，井上的动怒也是情理之中的。

从井上一贯的健全财政主义和稳健的议会主义而言，他复归政府真可谓时机恰到好处。由于强制推行殖产兴业政策，再加上西南战争导致不兑换纸币的发行，政府不得不为国际收支和国家财政这一对"双生儿"的赤字问题所烦恼。通货膨胀的恶化，直接威胁到了以固定税即以地租为唯一财源的政府财政，而因通货膨胀导致的纸币贬值没有带来出口的增长，反而导致了进口的增加。轻工业领域的状况也不容乐观，当时可称得上出口产业的只有造纸业和缫丝业，日元贬值与入超是同义词。

另外，通货膨胀使农产品价格尤其是米价高涨，用货币缴纳的固定税地租实际上下降了一半，农村地主的经济地位得到了提高。众所周知，进入一八八○年，开设国会气氛运动急速高涨，而在其背后起推动作用的则是因通货膨胀而出现的农村好景气。

入超的增大是废藩置县以来井上一直提醒人们要注意的问题。而农村地主的立宪制要求，自大阪会议以来，也被井上纳入他的政治主张。

对井上有利的状况，即意味着对大隈的不利。在与大久保一道推行殖产兴业政策，因为通货膨胀和入超遭遇困难的时候，大隈最大的保护者——大久保却永远地离他而去。参议兼开拓长官黑田清隆在大久保去世以后代表萨摩派试图从政策和人力方面支持大隈，

---

① 《五代友厚传记资料》第一卷，第309页，1878年7月29日。
② 《伊藤博文关系文书》第一卷，第164页。

但是不仅状况不利，而且黑田也没有大久保那样的声望。

在这种情形之下，曾一时离开木户而与大久保接近的长州派伊藤博文，转而与井上携手，开始构筑与黑田、大隈相抗衡的势力。井上的一贯主张依然是健全财政主义和通过自上而下的方式向立宪制过渡，伊藤则以一种完全赞同井上主张的姿态开始占据明治政府的中心位置。可称得上是大隈"怀刀"（心腹）的五代，在井上任工部卿的时候，给大隈写了如下的忠告书（现在认定的只是草稿，也有可能这封书信没有寄给大隈）。

西乡氏携私学校党徒情死城山，木户氏罹患疾病踏上了不归之途，继之，大久保氏亦化为纪尾井坂街头的腥血，政府以致其首领全失。于是世人评之曰，取代三氏掌握政府之实权者何人也？是伊藤内务卿，是黑田参议，抑或是井上工部卿？……然而，大隈大藏卿当时已列参议之上席，且非凡庸之人。其实权归该君乃顺序使然。然让人惊讶的是，独伊藤名声赫赫，飞禽似亦为之坠落，君则无音无臭，似有意在学大木、寺岛二人之风采。……想来君品行方正，足不踏柳巷，手不折活花，不似伊藤、井上二人，趁同僚不在宠爱其妾，或掷五百日元之珊瑚于柳巷结一夜之梦。然君之人望远不及彼等之缘由出自何处？……今君得天运之眷顾居参议兼大藏卿之位，再加上位列上席……可谓人臣之极荣缠绕七尺之身躯。于是君似意满志足再无希望之所，以君子不立危墙之下自勉，让责于他人，以保己之地位不至于丧失。此乃君无威权之所以。……君欲以下对人民之傲慢补上对政府之屈从欤？……自以为大臣即当如此，视人民如犬马……以官权家自任，亦可谓太甚。此乃君无人望之所以。[1]（年月日不详，一般认为写于井上任参议兼工部卿的时候，即一八七八年七月至一八七九年九月。大隈俨然一副"官权家"的做派，藐视"人民如犬马"。）

---

[1] 《五代友厚传记资料》第四卷，1974，第157～158页。

第二章　三种立宪政体构想

正如五代所担心的那样，伊藤和井上见大隈对自己的势力过于自信，又有明哲保身的想法，其指导能力已经出现衰退的迹象，于是转守为攻。一八八〇年二月末实施的内阁、诸省分离就是伊藤、井上等针对大隈发起的攻击。一般认为此次制度改革的主要目的就是要将大隈逐出大藏省。在这次改革中，萨摩派的中心人物黑田清隆占据了参议兼开拓长官的位置，大隈的政敌井上馨也被任命为参议兼外务卿，但唯有大隈被"推举"为会计部主任参议，失去了大藏省的实权。关于这期间的情形，五代在一八八〇年二月十四日写给大隈的书函中有详细的记述。

> 近日闻去热海之一行人依旧怀有变革之念。清盛入道为参加热海聚会亦留宿箱根。其事情因有松方之兄长久保同往热海，乃久保将集会之模样悄悄泄露给川崎也。言其目的估计是要分离内阁与诸省卿等，并说若黑田反对变革便无法进行。从热海归京后，井上、伊藤几次前往黑田宅邸，意图在短时间内说服黑田。然黑田之主义，在于要求明治十四年之前务必使其兼任开拓使长官，此一点不能满足，便无协商之意也。亦听川崎讲到此种境况，今大藏等变革有之，井上辈积年之愿望达成时，于其自身也失去了目的，遂问久保，大藏省抑或进行变革，大藏卿一职又会由谁担任，久保又诘问松方，井上入大藏之时，天下之人心必然难治云云。松方答之曰，纵然是我被解职亦绝无此事，大藏之事务现在谁也没有来打理的意愿，故大藏省卿当为兼勤。久保闻言大喜，欣然将此事告知川崎。此次乃决进退而呈上建议书，故此事仁兄或已知晓，仍速修书告知以资参考。[①]

文中提到的川崎大概就是萨摩商人，后成为川崎造船所创立者的川崎正藏。从书函中可以明确看出，关于内阁、诸省分离的制度

---

① 《五代友厚传记资料》第一卷，第366页。另外，该书推定这封信写于一八八一年是错误的。

改革的谈判完全是在长州派伊藤、井上和萨摩派黑田、松方之间进行的，大隈被排除在外。当然，对于大隈的抗议感到吃惊的黑田，在二月十五日也给太政大臣三条实美、右大臣岩仓具视呈递了书函，希望对之前的决定重新加以考虑。但是他又在信中称"既已同意伊藤等之说，就再无说三道四提出异议之理"[1]，所以书函也只不过是应景之作而已。大隈与黑田最终达成的意向，只是在大藏卿之下又安排了大隈的一名手下佐野常民，这种做法并没能够改变内阁、省卿分离的决策本身。

在明治政府内部，随着大隈权威的衰落，井上的权威有了很大的提高。在这种权力状况之下，大隈在大久保的庇护之下所推行的自上而下的殖产兴业政策开始面临危机。

为了解决西南战争结束以后因通货膨胀而导致的国家财政与国际收支的赤字问题，大隈提出募集五千万日元外债的提案，但是由于天皇亲信的反对没能实现。紧接着，由五代友厚、岩仓具视、黑田清隆等拟就的将地租的四分之一改为用稻米缴纳的提案，也由于以井上馨为首的长州派参议的反对遭到了否决。问题在于，在一八八〇年八月稻米纳税论争中大隈的立场，与推进者五代、反对派井上的用意完全不同。

关于大隈对于稻米纳税论所持的立场，在迄今为止的文献中都是将其作为主要的反对者来描述的。比如《明治天皇纪》中，对于大木乔任、黑田清隆提倡的稻米纳税论有这样的记述："当时明确赞成稻米纳税论者有参议西乡从道、川村纯义、山田显义等，参议寺岛宗最终亦赞成之，右大臣岩仓具视亦与其意见相同。然重信另提出经济政策，反对稻米纳税，右大臣炽仁亲王及博文、参议山县有朋、井上馨等亦反对之。"[2]《世外井上公传》[3] 以及《伊藤博文传》[4] 中也有同样的记述。现在虽然还没有史料可以从正面去推

① 春畝公追颂会编《伊藤博文传》中卷，统正社，1940，第 163 页。
② 《明治天皇纪》第五卷，1971，第 164 页。
③ 《世外井上公传》第三卷，1934 年，第 159 页。
④ 《伊藤博文传》中卷，第 180 页。

翻上述内容，但是从我们前面所分析的井上与大隈多年的敌对关系，以及大久保亡故以后黑田、五代与大隈的密切关系来看，对于岩仓、黑田借助五代之力构筑起来的稻米纳税论，大隈偏偏要与井上携手加以反对，实在是不符合逻辑。不过有一点非常明确，那就是岩仓与五代曾经理所当然地以为大隈应该支持他们。在一八八〇年八月五日岩仓具视写给五代的书函中，有如下的论述。

　　前几日承蒙及时来访，甚为感谢。其时对稻米纳税意见书感铭至深。余原本亦热心申述此议，欲贯彻之，真乃意趣相合。尤其关于得失利害之陈述，推察此旨趣前大藏卿（大隈）亦会同意，不知与之商谈结果如何。希望能知晓一二，以便做到心中有数。虽然麻烦，烦请将其情形大致知会，恭候来信。[1]

然而，也可能是与井上馨的劝说有关系，大隈对于稻米纳税论的态度变得奇怪起来。在八月十九日的书函中，五代警告大隈，如果稻米纳税论的提案也像五月份的外债论一样落空，那么其在政府内部很可能会陷于孤立状态。

　　关于稻米纳税论云云，愚意犹想得到认可，敬请阁下一览。昨日清盛入道（井上馨）离去，虽然不知其有何论，但又如外债论那样反复，表里不一，最终阁下将成孤立之姿态，令人隐痛于心。[2]

翌日，五代与岩仓一道与大隈进行了会谈[3]，但他们的说服工

① 《五代友厚传记资料》第一卷，第348～349页。
② 《五代友厚传记资料》第一卷，第314页。
③ 《五代友厚传记资料》第一卷，第350页。1880年8月20日岩仓给五代的书函。8月19日五代写给大隈的书函中，有"横竖明朝将登门拜访，事情尤可再议"云云，在岩仓的书函中也谈到了下午三点左右如何来访，"可向大隈引见"。

作以失败而告终。

另外，一直是大隈盟友的黑田却在为稻米纳税提案的实现认认真真地做着努力。从八月二十三日写给五代的书函中，可以看出黑田是多么认真。

> 近日有关稻米纳税一事，对岩仓、三条做了细致解释，继昨夜之后，今晚继续促请太政大臣、有栖川宫左大臣殿下注意，并以书面形式呈上意见，恳求两大臣无论如何将小生之意趣达于圣上。方今太政大臣传达圣上意思，令尽早以书面形式提交稻米纳税之可行方法，故方法调查一事务必拜托老兄。此乃关乎国家之命脉，甚至国家兴废存亡之一大要事，故愿尽快拜见，接受指挥。然今已约定与英人午后会晤，不可爽约，此乃又一重大至急之事，故先以书函告知。……另外，此方法望万全无漏，以奉呈一世一振之明法圣上，诚心诚意只为国家祈念。①

大久保亡故以后，作为萨摩派最有实力的人物黑田如此思虑再三，右大臣岩仓以及萨摩派的经济后盾五代，直到最后仍在期待稻米纳税论能够得到大隈的支持，但是大隈在最后时刻倒戈相向。这就意味着在一八八〇年八月这个阶段，大隈曾试图进行大的方向调整。

使大臣、参议们一分为二的稻米纳税论争终于到了由天皇圣裁的阶段。九月十八日，天皇向太政大臣下发敕谕："其米纳之义，虽出自救时之策，然今日行之，觉其颇为不稳。朕深思熟虑，救今日之急，宜斟酌事之轻重缓急，于经费上痛加削减，可以此考究其方法。"并命大隈与伊藤共同起草财政整理方案。② 在五代提出稻米纳税论和井上对之予以反驳的背后，存在着二者对于"通过自

---

① 《五代友厚传记资料》第一卷，第350页。
② 《伊藤博文传》中卷，第180页。

上而下的工业化"的不同看法。

五代的稻米纳税论，是殖产兴业型的财界人士设计出来的一种权宜之策，其意在回避因纸币整顿可能带来的经济萧条。他们最大的担忧是财政整顿所带来的不兑换纸币的消失。从下面的引文中我们可以清晰地看出这一点。

> 如论者所言，纸币之废除，将使内地人民蒙受何种影响？我国体及施政上又会因之生何种盛衰？细细推察之时，恐至出现难言之惨状。……一人断裁废除纸币一事，挽回全国财政之功与堵塞全国经济通路之害，到底孰为大，孰又为小焉？①

与此相对，井上却趁着稻米纳税论争的机会，把重点放在了扭转历来无视财力的自上而下的殖产兴业政策上。他并没有把政府的财政危机看作西南战争以后出现的新事态，而是重新拾回了他在明治初年担任大藏大辅时的经济主张。他论述道：

> 财政困难之原因既然在于诸多弊害互相错综勾连，救济亦非单一之事业能奏其功。且诸多弊害乃维新前后渐次孕育而来，其成今日之形，已历经星霜二十三年有余，如数清除之，亦非一朝一夕之业。②

对于持上述观点的井上而言，五代的所谓农民富裕化招致了进口的增大，导致了纸币价值回落的论调，简直是忍无可忍。因为从明治初年任大藏大辅时代开始，井上就一直在警告，如果以"文明开化"的名目持续不断地扩大政府事业，那么国家财政和国际收支两方面都会出现问题。井上对五代的理论做了如下批判。

---

① 《五代友厚传记资料》第四卷，第168页。
② 《世外井上公传》第三卷，第166页。

又曰，农民流于奢侈，竞相购买舶来品，助长了进口商品之势焰。虽说农民消费棉布、绢丝类舶来品在一定程度上助长了进口商品之势焰，但不可将入超增大之责任尽归于农民。因为进口之增大多起因于制度之改革抑或内乱，即因政府屡屡改革制度、兵制，英明决断弃旧取新，需要进口更多的外国商品。又有佐贺、台湾、鹿儿岛等战乱，求购舰船、弹药、器械等亦如此。如果除去因政府之喜好新奇及变乱所产生之进口额，独以人民之消费结算，进出口之差每年不足五六百万，或是出口超过进口亦未可知。①

我们跟随年代的脚步考察了井上的经济理论，本书的读者恐怕都能看出，井上"英明决断弃旧取新""政府之喜好新奇"之类的说法，并非褒奖之词。

理所当然，井上的对策是通过行政、财政的整顿废除不兑换纸币，其中值得关注的是其政府事业的民营化理论。

诚如余开首所言，招致财政今日之困难的缘由，首先在于制度之弊及时势之变动。既如此，对于成为其缘由之制度者，当断然给予适度废减，此乃先明病之缘由后施以治疗之手段。虽如此，因为西洋有我所取之处，如铁道、电信、灯塔、船舰等富国之手段自不必说，其他如造币、制铁、纺线，抑或如罗纱、玻璃之事业亦终于成兴起之初步。若此等事业亦一概废止，乃损之又损，非划算之计。故此等官立之事业，可渐次售与人民，其他如缩短征兵之年限，或今后五年内减少常备兵员，或合并或废止官省使人，纵然会有些许不便，亦须忍耐之。若行此等改革举措，至少每年岁出可得二百万日元结余。②

---

① 《世外井上公传》第三卷，第 162~163 页。
② 《世外井上公传》第三卷，第 168~169 页。

第二章　三种立宪政体构想

井上的提案是通过每年一千万日元的削减岁出，渐进式地废除不兑换纸币，将其中的五分之一即二百万日元用于政府事业的民营化以及官厅的统合与废止。

顺便提及一下，井上在这封意见书中谈道："欲繁荣贸易，开获取正货之道，必如参议大隈所言，首先每年从我岁出之中扣除一千万日元，以此充实之。"① 由此来看，与岩仓、五代的期待相反，大隈的确是倒向了伊藤、井上阵营。如果一八八一年大隈在推行立宪制的问题上抢在了伊藤、井上的前面，占了先机，那么毫无疑问，他不仅会遭到萨摩派、长州派的孤立，也会遭到右大臣岩仓的疏远。但是，第二年七月份以后，已经在健全财政论上成功地说服了大隈的井上，在福泽谕吉的帮助下，又成功地说服了大隈向"立宪制过渡论"转变。作为一八七五年大阪会议的再现，井上又为一八八一年"热海会议"的召开进行斡旋。

> （5）井上君面色一改曰：既如此，在下则明言，政府有开设国会之意。
> （一八八一年十月十四日福泽谕吉致伊藤、井上书函）

伊藤博文、大隈重信、井上馨三人于一八八一年一月在热海聚会，就开设国会达成了一致意见，这是广为人知的"热海会议"。关于召开热海会议的经纬，福泽谕吉在同年十月十四日写给伊藤、井上的书函中记述得最为详细。仅从这封书函来看，对于福泽披肝沥胆开设国会的决心而恳请为之发行报纸的不是大隈，因而是井上。从这封有名的书函中，我们可以摘引出与之相关的如下内容。

> 去年十二月初，井上君通过中上川彦次郎与老生内谈，言政府有公布日志之意图，即报纸。今欲实施之却乏可用之人，

---

① 《世外井上公传》第三卷，第168页。

问老生可否接受。若是报纸，无理由即刻拒绝，但是，若有发行报纸之文件，须先一见，然后才可回答应允与否。……今年一月，日子已忘，有一夜老生造访井上君宅邸。盖因先前有彦次郎以君之言照会，故特意前往君之宅邸表示拒绝之意。是夜，与君面谈，讲述之前所托事情之缘由。当听到老生讲若非政府决定的主义，即使君特意有此谈话亦只能拒绝，井上君面色一改曰：既如此，在下则明言，政府有开设国会之意。……此次我辈决意开设国会，无丝毫爱惜一身地位之念。无论任何政党上台，得民心之多数者，当以最寻常之姿态将政府让与之。恳请以此主义为据，于报纸发行之时亦可光明正大挥笔立论。……老生闻君之言始终不胜感慨，此前对君之决心竟毫无所知，如是则乃明治政府之幸福，我日本国亦万万岁，可谓维新之大业有始有终。谕吉本亦有为国家振臂而呼之意，遂当即允诺发行报纸之事。其后杂谈闲聊，想象国会开设后之情形，猜想政党可能就此分裂，其人物或此人或彼人。若其党夺得政府，由谁人出任外务卿，若彼人为外务卿，则井上君将成一时落路之人矣，其时君作为一国会议员进入议会会场，关于外国交涉之事于前任外务卿而言云云，应该相当有趣。如君所知，谕吉于政治无念，此时恰如立于远处观活剧矣。两人对话，尽欢告别。[①]

　　熟悉英国立宪政治的井上和福泽两人兴致勃勃，任由思绪驰骋，甚至连井上作为影子内阁的外相可能会是什么样子都做了一番想象，这封书函可谓生动地再现了当时的谈话情景。这里之所以连篇累牍大段引用书函中的内容，是因为引文恰恰印证了笔者之前的主张，即在这个时点上提出实现立宪制主张的，只能是井上而不是大隈。如前所述，一八七八年七月井上回国的时候，作为崇拜英国的立宪制论者，他遭到了保守派的防范。其时保守派寄予厚望的是

---

① 《福泽谕吉全集》第十七卷，1961，第471~474页。

第二章　三种立宪政体构想

"君主专政家"大隈。所以，在两年后即一八八一年一月的这个时点上，能够对福泽讲这些话的，在明治政府内部也就只有井上了。正是这个缘故，福泽在其后的很长一段时间内对井上一直抱有期待。比如，在同年六月十七日福泽给尚逗留在伦敦的小泉信吉、日原昌造的书函里这样写道："出发前我等密谈之事尚未发表，待看清形势之后再着手与小幡、阿部、矢野等商榷。凡大变革者，言之容易行之难。尔虽有担忧，然事情之方向无丝毫变动，故请宽心以待。井上亦容体不适，近来只管养生。"[1] 前面提及，小泉信吉与中上川彦次郎都是福泽的高徒，井上在伦敦逗留期间，二人每周六都要参加井上的读书会。据其子小泉信三所言，小泉信吉的日记中频繁出现"为井上讲英文书"的表述，可见小泉与中上川两人将经济学的英文书翻译给井上听，此事应为事实。[2] 总而言之，关于与井上的约定以及进展情况，福泽并不想隐瞒中上川和小泉两人。另外，六月份开始井上为"脑病"所困，从六月八日起一直在但马的城崎温泉专心静养，这也是事实。福泽相信是井上的病情延误了改革的进展。在七月八日写给两人的书函中，福泽也提到了"井上确实因病旅游养生，大隈将于本月随驾巡幸"[3]。这时候福泽依然说服自己相信，开设国会的约定之所以没有丝毫进展，是因为井上的疾病和大隈的公务所致。

七月初，就在福泽依然对井上和大隈满怀期待的时候，政府内部却因为大隈提出的即刻制定宪法的建议而波澜骤起。大隈那封有名的建议书是三月份经由左大臣有栖川宫炽仁亲王呈递给天皇的，而伊藤博文"恳乞三条太政大臣自陛下手头内借一读，尔后自写之"则是六月二十七日的事情。[4] 这一事件于日本近代史研究者而言无人不晓。在本稿中，笔者想要探讨的只有一点，伊藤在读了大

---

① 《福泽谕吉全集》第十七卷，1961，第453页。
② 日本经营史研究所编《中上川彦次郎传记资料》，东洋经济新报社，1969，第51页。
③ 《福泽谕吉全集》第十七卷，第457页。
④ 《伊藤博文传》中卷，第994页。

限的国会论后大怒，斥之为"实在乃意外之急进论"①，此事姑且按下不表，就连明治政府内部的极左派井上也与伊藤一样对此表示了强烈的抵触，这究竟又是什么缘故呢？

第一个理由，正如我们在文中多次提及的那样，大隈对于井上的英国崇拜持批评态度，然而被人们称为"君主专政家"的大隈提出的建议书是最具英国色彩的。一八八〇年国会开设运动扩展到了全国，与之相呼应，不少年轻官僚要求以自上而下的方式引进立宪制。于是，因反对稻米纳税论与右大臣岩仓及萨摩派的黑田分道扬镳的大隈，摆出了附和年轻官僚主张的姿态，试图从伊藤、井上手中夺走引进立宪制的主导权。在七月二十七日写给伊藤的书函中，井上指出，大隈的意图是要营造一种舆论，即"妨碍此宪法主义者乃伊藤""先生以获得人望为主要目的，时至今日并无定说，想必阁下亦有所知"，对大隈的机会主义予以了反击。②

但是，仅这些并不足以解释在福泽面前夸下海口的井上，为什么会在国会论上被大隈捷足先登。如果井上按照福泽所期待的那样提倡国会论，那么他就可能获得拥有重要人脉资源的福泽的帮助（福泽已经将庆应出身的知识分子和实业家集结到了交询社），也应该说井上完全具备提倡英国式立宪君主制的条件。

井上并不是像大隈那样的机会主义者。但是，在这个问题上，这一点反而给他带来了灾祸。正如本书所揭示的那样，井上的财政理论从一八七一年废藩置县以来基本没有什么变化，他的国会理论从一八七五年大阪会议以来也是一以贯之，没有出现明显的变化。在这里，我们不妨再将后者做一个简单的归纳整理。

一八七四年末在策划木户与板垣相互提携之时，井上认为民权派的"ヲンリッチンロー之政府"，即英国式的基于习惯法的立宪政治主张在政府内部很难获得支持，所以提出要"折中"木户与板垣的意见，寻找"开设与我国性质相适应之议院的方法"。再具

① 《伊藤博文传》中卷，第207页。
② 《伊藤博文关系文书》第一卷，第164页。

第二章 三种立宪政体构想

体而言，即主张实行"给政府充分权力"的议会制。即使一八七六年去英国以后，井上的这一想法也依然没有改变。前面提及，在伦敦逗留期间，井上曾邀请福泽的门生中上川彦次郎和小泉信吉到自己的宅邸，为自己讲读经济学原著，不过，按照井上的讲法，这不仅仅是自己单方面受教于人的事情，同时也是一个使这些未来精英们学会用现实主义眼光看问题的好机会。在一八七六年十月九日写给木户的书函中，井上这样写道：

> 有福泽书生三人在此，故甚少出游，只专心于学习。此三人堪称人物，往昔在日本之时为自由主义的"急进"倡导者，近来大有悔悟，想法渐趋保守，亦渐渐明白民选议院等难以施行，遂起无实践便无国家财富增殖之说，每逢周末集结我处，轮读《政治经济学》之书，与日本之实情相对照议论其书，以为大有裨益。真正有志于学问之人，且真正有忧国之心之人，皆趋于保守，彼此志同道合，相处甚为融洽。皆以为急进之事甚为不妥。①

这封书函的前半部分，是在批判在国会开设问题上出现的急进论调，后半部分，则表明了其试图用经济学原著来比照日本实情的"保守主义"立场，也就是对在财政问题上出现的急进论调的批判。由此可见，在伦敦逗留期间，井上的健全财政主义立场和渐进引进立宪制的主张完全没有改变。

一八八一年，当大隈突然提出要立即实行英国式立宪君主制的时候，井上也没有改变他此前的见解。在一八八一年七月二十七日写给伊藤的书函中，井上论述道：

> 今日形势已然紧迫至此，情非得已，故当早习德意志宪法，细究其法制，及早从地方议员中选举人才，使其审议研讨

---

① 《世外井上公传》第二卷，第733页。

之。当时以扩大元老院为托词，发布告称一年或两年之后开设下院。愚以为老兄应肩负起法制部之事，此乃当今可行之策。自然，此议乃老兄亲自出马应对当今天下形势之一手段，祈望老兄能公然面对，提出建议。或有人言，对于大隈之英式宪法，无论如何非议，最终亦只能拿出改变些许主义之宪法。此乃琐细之事。英政体其名虽为立宪政治，实则比美国之共和政体更甚，其习惯法适应英国，却非他国所能效仿之。当今之洋学者，修英法之学者众，故虽知英制之最良，却不知不可移植他处之理由，福泽等亦然。是故，及早习德意志之法，以之定吾国之宪法，愚以为此乃当今不可失之好机会。①

这封书函的前半部分是对伊藤面对大隈提出的急进的国会论仍然试图以元老院的扩大敷衍了事的保守立场的批评，后半部分则是在重复他一贯的对英国式立宪政治所持的批评态度。井上在大阪会议前后对"ヲンリッチンロー之政府"提出了批评，开始追求"开设与我国性质相适应之议院之方法"。一八七六年在伦敦逗留之际，他对福泽的门生思想变得"保守""务实"表示了欣慰，此时的井上依然站在相同的立场，对大隈、福泽的急进的国会论给予了批判。

一般认为上面这封书函写于"明治十四年政变"前夕。在这封书函中，一直处在民权派和政府保守派中间的井上馨显示出来的唯一变化即倡导"习德意志之宪法"。众所周知，提出即刻实行普鲁士式的强化君权的立宪制，用于与大隈提出的即刻实行英国式立宪君主制的论调相对抗的，不是井上馨而是井上毅。井上馨对英国的经济与法制有一定程度的了解，但是对于德国的法制应该说并不十分精通。向伊藤进言导入普鲁士宪法的井上毅，受伊藤之命，在七月二十六日与井上馨进行了会谈。② 井上馨给伊藤的这封书函即写于次

---

① 《伊藤博文关系文书》第一卷，第165页。
② 在一八八一年七月二十三日井上毅致伊藤的书函中，写有"明夕乘船，二十六日朝可面谒外务卿"。井上毅传记编纂委员会编《井上毅传记史料篇第四》，国学院大学图书馆，1971，第49页。

日。井上馨在书函中提出的"及早习德意志之法，以之定吾国之宪法"，在很大程度上是受到了井上毅的启发，这是毋庸置疑的。

但是，回过头来看，从一八七五年大阪会议前后开始，井上就一直在保守派和英国派之间追求"给政府充分权力"的"开设与我国性质相适应之议院之方法"，对于他而言，要理解井上毅所说的拥有强大权限的普鲁士立宪君主制的优点，恐怕不需要太长时间。这对于井上馨而言，其意义与"使英国式立宪君主制适应我国国情"并没有什么不同。多年来通过自己的不断思索建构起来的政治体制构想终于变成了现实，但这不是作为井上本人的构想，而是作为对某一个先进国家的榜样制度的模仿而引进的。关于这一点，我们在讨论明治初年指导者们各自心目中的模范国的时候，应该予以充分的关注。

第二节　福泽谕吉的两大政党论

正如在前一节的最后我们所看到的那样，在一八八一年初井上馨与福泽谕吉的会谈中，当井上对伴随政权交替的"议院内阁制论"给予肯定的时候，福泽无比地欢欣，称"如是则乃明治政府之幸福，我日本国亦万万岁"。然而，当时的福泽被以植木枝盛为中心的爱国社民权家们视为"官民调和论者"，遭到了批判。一八八〇年十一月的《爱国新志》毫不隐晦地对福泽的"官民调和论"做了如下批评。

　　夫身为学者，完全从事学术上之研究，讲述学术上之道理，是为纯粹学者之事，并无不可之事。而今为学者者，不止于做纯粹学者，凡关乎国家政治时势之事，非官非民，恰好立于中间而与双方相向，或谕或劝，或教或讽，成一种作用。……如某学者，著《民权论》《国权论》二书，在书中曰，伸张民权乃为伸张国权。嗟呼，其言之失理太甚矣！……盖其人所想，主要在于民权乃政府之舌上分外苦涩之物，政府对其厌恶至极，避讳至极，若一开始即判然明言民权，恐难达其趣意。故而施以少许装饰以面对政府……装扮成另外一物，言张民权乃张国权，以国权一物之大盖民权之全部，将民权一物料理得咸淡可口，使官吏政府皆闻民权而不再感觉厌恶，届时反而使国会得以早开，民权亦可及早得以伸张。……原本，国家乃为民权所立。故本当是国家为国民而存在……何以成为国权而张民权矣。张民权只为张民权。①

福泽与井上谈到的基于两大政党制的议院内阁制，与受到植木批判的、劝说行政府与立法府融合的"官民调和论"，是如何在福泽的身上并存的呢？

下面我们即将介绍，福泽在一八七九年八月刊行的《民情一新》中阐述的英国模式的两大政党制论，正是基于一八八一年三月大隈参议向左大臣提交的那份建议书。如此一来，考察福泽在此前后阐述过的立宪政体论的内容，就成了了解"明治十四年政变"以前曾有望被政府接受的议院内阁制论不可或缺的一项作业。

要想对这一时期福泽的立宪政体论完整地理解，必须将他在《民情一新》中阐述的长期构想与在此前后刊行的《国会论》中强调的短期构想区别开来。首先，我们来看福泽在《民情一新》中阐述的作为"长期构想"的立宪政体论。

依前述各条所论，政府与人民终究不可两立。随着文明之进步，官民冲撞愈增，其状竟似非歼灭其中一方便不能收局。欧洲诸国之形势亦可谓困难。然若问：于此困难局势中开另一个政治之世界，顺应时势，维持国安之策何处可求？必答之曰：英国之治风是也。②

---

① 明治文化研究会编《明治文化全集　自由民权篇（续）》，日本评论社，1968，第118～119页。
② 《福泽谕吉全集》第五卷，岩波书店，1959，第42页。

第二章 三种立宪政体构想

很显然，这里福泽提倡学习"英国之治风"是出于缓和"官民冲撞"的目的。

但是，作为缓和策略的"英国之治风"并非"官民调和论"。其既是"官官调和"，亦是"民民调和"，不过，主旨却不是要调和固定的"官"与固定的"民"。理解这一点非常重要。让我们再来看看福泽自己是如何表述的。

（A）余特别以英政为美称赞之，非看重其既往之结果，而在于其智慧正适应了现今将来人文进步之情形，不与时势相悖。

（B）英国政治党派有二。云一党为守旧，另一党为改进。二党虽时常对峙，相互不容，然守旧未必顽陋，改进未必粗暴，只是因循古来之遗风，人民中所见不同者分为两派而已。从人民中选举人物以议国事，称之为"国会"。

（C）故"国会"乃集结两派政党知名人士之所，一事一议大抵所见皆不同，决之需以多数。内阁诸大臣自不必说，亦属于此二派中其中一派，尤其身为执权者即太政大臣者，必为一派之首领，故若此党派得权，其首领即掌握政府之全权，党派中人物亦皆随之占据显要地位，与国会多数人共同议决国事，施行国策而无妨碍。且虽占据政府之地位，却非脱离国会议员之籍，故在政府为官员，在国会为议员，其姿态恰好身兼行政议政两职，借此，己之势力亦有所壮大，易成事。

（D）然随着岁月流逝，人心之方向改变。拥护政府党之论者减少，另一党派权力增强。若其议事常占据多数，则承认其为全国人心之所向，经由政府改革之投票，执权者皆去政府之职，将其让与其他党派。退职后照旧为寻常之议员。然离开政府之位非阻塞其言路，前任执权者亦即今国会中一党派之首领，用心于国事，谈论与在职时无异，唯不能以全权施行矣。

（E）且又两党相分异其名，一曰守旧，一曰改进。仅观其名，如水火相敌，以为随着其相互间之政权更迭，全国之机关亦会瞬间改变，然事实绝非如此。如前所云，守旧未必顽陋，改进未必粗暴，其皆为英国文明之人，其所为非欲变更全体之方向，其相互背离所争之处只是些许。

（F）如上，政府之改革，诸大臣之新旧交替，全凭国会之论势……一进一退，其持续年限过五年以上者甚为罕见，平均只不过三四年。不平亦三四年，得意亦三四年。

（G）如上所举，喜好政府之变革者乃世界之人情，尤其值十九世纪文明进步之际，促其变革之势，似与日俱增。……维持国安之术唯在跟随时势授受政权一法。①

笔者不由自主地引用了这么多，这里，福泽的每一个论点之间都有着密切的关联，并且形成了涵盖广泛的立宪政治理论的构成要素，所以，其中的任何一点都是无法忽视的。下面我们按照引文中从（A）到（G）的顺序，对一八七九年福泽提出的"保革调和论"逐一进行探讨。

之所以关注（A），是因为笔者想要强调一点，即对于福泽而言，英国的立宪政治是十九世纪政治体制应该具有的一般形态。福泽认为，经由交通与信息革命，十九世纪的人民已经从"青虫"蜕变成了"蝴蝶"，在这样的时代背景下，英国的立宪政治是唯一有效的政治体制。福泽正是从这一立场出发对英国立宪政治的各个构成要素进行了整理，而不是讨论法国如何，德国如何，美国又如何。关于这一点，稍后再做探讨。

（B）项对于说明此时福泽的理论并非"官民调和论"有着重要的意义。福泽强调并非"守旧"为"官"，"改进"为"民"，而是"因循古来之遗风"，从"人民中"分出了"守旧"与"改进"两派。

（C）中的论述历来被视为福泽"官民调和论"中具有代表性的观点，包括笔者在内的学者们经常引用。这里论及的"身兼行政议政两职"的政党内阁论可以与（D）项中的政权更迭论联系起来去理解。若非如此，福泽就会成为其后吉野作造所批判的、旨在

---

① 《福泽谕吉全集》第五卷，第42～50页。另外，笔者对《民情一新》开始特别关注，是1993年6月至7月在福泽谕吉协会做报告的时候，这次报告分五次做完。借此机会，对给笔者提供做这次报告机会的竹田行之表示由衷的感谢。

第二章 三种立宪政体构想

协调官僚派阀与政友会的"官民调和体制"的始作俑者。

（D）与（B）是说明此时的福泽并非"官民调和论"者最为关键的地方。如果与（F）联系起来考察的话，可以清晰地看出，福泽在这里最想强调的是由保守党或自由党组建的政党内阁每隔三四年进行更迭的制度与常规。参考（C）中提及的"身兼行政议政两职"的政党内阁的构想，不难看出，在福泽看来无论是保守党还是自由党，"官与民"都是一体的，"调和"只需要在保守党与自由党之间进行。

（E）所表达的是福泽对"官民一体"的保守党与"官民一体"的自由党之间"调和"的期待。既然是"官"与"民"融为一体，分为保守党与自由党，且"每隔三四年"就进行一次政权的更迭，那么两者政策对立的程度最好不要太大。引文（E）中强调"保革"在政策层面上的接近，始终是以（D）中阐述的政权更迭为前提的。在《民情一新》中，福泽从五十二页到五十九页用了七页的篇幅制作了一览表，列举了过去约一百年间英国首相的在任期限和从一七六二年到一八六〇年江户幕府老中的在任期限，并附上了详细的说明。由此可以看出福泽对于政权更迭是多么重视。

不过，要想理解作为长期构想的《民情一新》的内涵，最重要的还在于引文（G）。"喜好政府之变革者乃世界普通之人情，尤其值十九世纪文明进步之际，促其变革之势，似与日俱增。……维持国安之术唯在跟随时势授受政权一法。"众所周知，福泽之所以选择《民情一新》这个标题，是为了强调十九世纪的欧美文明与以前相比已经发生了根本性的变化，即"时至十九世纪，以蒸汽船、蒸汽车、电信、邮递、印刷之发明，在此交通之路上呈长足之进步，恰可谓颠覆人类社会之举动"[1]。这种"对人类社会的颠覆"是通过"人民思想"的不断进步体现出来的，即"今后若以此蒸汽船车行走于地球水陆，以电信、邮递、印刷之利器传播人民之思

---

[1] 《福泽谕吉全集》第五卷，第6页。

想，则其势力之增进委实不可估测。一新又一新，一变又一变，废灭旧物，改革不止。"① 这里重要的是福泽对十九世纪由五大发明带来的"民情"变化的理解，其不仅仅是"一新"，而且是不断的"一新"。

在福泽提到的十九世纪的五大发明中，前两项属于"交通革命"，后三项属于"信息革命"。但是在《民情一新》中，福泽所关心的并不是交通革命以及货物流通，而是信息的传播。信息传播的内容也更集中在思想方面，而不是其他国家、其他地区的生活。数万份报纸经过轮转印刷机印刷出来，再由汽船运往他国，在各个国家中又通过铁道分发到全国各地。紧急的情况下，信息可通过电信传播，私人之间的消息往来可以通过邮政实现。其结果是"凡一国内外之异事新说，读之谈之闻之传播之近乎无漏"，这种状况是"民情一新"的原因。②

> 民情一新的结果是导致官民倾轧的加剧。对于福泽而言，这一点是十九世纪与十七、十八世纪的根本差异，在十八世纪思想传播之利器——尚未十分发达的时代，无论民间出现何种新说名案，因其流布缓慢，政府可利用此缓慢之时间蓄谋其对策。然今日之势，人民之心情，乘彼之利器而逞一时之进退，心波情海滔滔，无蓄谋之时机。官民倾轧愈演愈烈。③

由于"交通、信息革命"，吸收了全世界"新说名案"的人民与十八世纪以前的人民相比，显现出一种迥然不同的存在。因为"十八世纪之人民乃青虫，十九世纪之人民乃蝴蝶"。已经蜕变成蝴蝶的十九世纪的人民与青虫时代的人民不同，既不能"以指撮

---

① 《福泽谕吉全集》第五卷，第7页。
② 《福泽谕吉全集》第五卷，第26～27页。
③ 《福泽谕吉全集》第五卷，第31页。

第二章　三种立宪政体构想

之"，也不能"以箸挟之"。像法国拿破仑三世、俄国亚历山大二世、德国俾斯麦那样的专制，再也无法压制已然成为"蝴蝶"的人民了——这就是福泽对十九世纪的理解。以十九世纪的"民情一新"为根据，福泽确信，有必要引进英国式的两大政党制，期待谙熟政治的保守党与稳健的自由党能够顺应民意，每三四年进行一次政权的更迭。福泽积极发表言论，宣扬要想应对十九世纪因"交通信息革命"带来的不断"一新"的"民情"，除了开设国会，促使两大政党频繁进行政权的轮换交替以外没有更好的办法。一八七九年的福泽，是日本十九世纪自由主义思想的鼻祖。

福泽在《民情一新》中提倡基本政策对立程度较小的"保守"与"改进"两大政党制的时候，是将其作为"十九世纪体系"这样的长期构想进行论述的。而且，在两大政党对立的格局中，福泽理所当然地将自己划到了"改进"党一侧。然而，在《民情一新》发行后不久，恐怕福泽自己也没有预想到，自由民权运动以非比寻常的速度发展起来。因此，福泽的构想迫不得已从"十九世纪体系论"快速转变为"十九世纪八十年代政治改革论"，同时，他自身的立场也不得不从"改进"派转向了"稳健"派。

在这一问题上，福泽自身也有责任。因为从《民情一新》中删掉深奥的部分，只把最后一章中浅显易懂的两大政党制论放在《邮便报知新闻》上连载的正是福泽自己。一八七九年七月到八月福泽在《邮便报知新闻》上连载的《国会论》，的确是对《民情一新》最后一章的正确引用。但是，人们在读引文的时候，大多会先阅读写在前面的导论部分，并且会由此形成一种先入之见。在引用《民情一新》最后一章有关实行两大政党制，进而每隔三四年进行政权更迭的论述内容的时候，《国会论》的前面附有这样一段解说：

今于我国开设国会之际，欲取其模范于西洋诸邦之中，就议员选举一事，以模仿英国之法最为便利。……美国不允许选举官吏为议员，英国与之相异，政府显贵之官吏大抵皆为议员。依此法，英国之官吏在政府为行政官，在国会为议政官，恰好身兼行议两权，故英政府常笼络国会议员之多数行事，无有不如意。……近日读福泽先生所著《民情一新》，先生赞英政之美，讲说其议院之模样、势力，热心于时事探讨，其言首先甚合吾心，其所论之处虽与设立国会之事无关……请得先生同意，在此抄录一节，以之为吾党之论援。①

众所周知，《国会论》是福泽写的原稿，以其门生藤田茂吉、箕浦胜人的名字发表的。福泽本人自认为《民情一新》所论述的是"十九世纪体系"，与短期内所面临的设立国会一事并不相关。或许正因如此，作为现实的政策建议的《国会论》，福泽在论及诸如每三四年进行政权更迭这些长期构想的时候，才试图对其进行模糊处理。

但是，在《国会论》的这一部分引文中，福泽的主张变成了彻头彻尾的"官民调和论"。稍后在第三章中我们将会看到，吉野作造后来也提出了几乎与《民情一新》完全相同的两大政党制。假如吉野读过《国会论》中的这一部分内容，那么他一定会感到愤怒，认为这是在为官僚派阀与政友会的勾结做辩护。几乎是在同一个时代刊行的福泽的这两部著作中，《民情一新》具有"保革调和论"的色彩，而《国会论》则具有"官民调和论"的性质。

如果说《国会论》的结构把福泽议论的弦外之音由"保革调和"变成了"官民调和"，那么，在福泽的这两部著作刊行后不久即蓬勃发展起来的爱国社的自由民权运动，则迫使福泽阵营的立场不得不由"改进"向"稳健"转变。在福泽的《国会论》连载结束后不久，福岛的"在地民权派"领导人河野广中就踏上了访问大阪爱国社与高知爱国社的旅程。九月末在高知县，土佐民权派的最高指导者与当地民权派的河野达成了共识，决定将预定在十一月份举行的爱国社第三次大会，作为要求在全国范围内开设国会的大

---

① 《福泽谕吉全集》第五卷，第86页。

会。

在爱国社的自由民权运动不断高涨的过程中，福泽阵营看到了"官民倾轧"的征兆。在一八七九年十月三十一日的《邮便报知新闻》发表社论，对爱国社的运动一边进行辩护，一边又予以批判。

> 据余辈所知，现今社会凡有此许财产、可提些许意见者，闻爱国社员之名，无不露厌烦之情。或有甚者，视其为一种社会党，以为其言论过激粗暴，一概摒斥之。此非余辈所取之处。……其过激粗暴，乃取弊病之极端而论之。凡揭露事物弊病之极端予以评论者，皆难免遭人摒斥。……然若问爱国社乃当爱之物乎？汝亦欲成为其社员乎？余辈只能答之曰，尚不可成为其社员也。……试观爱国社之近状……亦未闻其社员中有许多既有财产又有名望之绅士，未闻其有博学多识之老辈相推挽，亦不知是否常有对公共事务拥有足够经验的有为之人来主宰其社务。……夫世之公论乃由上流社会组成。不能得上流社会之信任，又无能力制御之，徒然诉诸理论，欲制御政治世界，绝非易事。

文中的"过激粗暴，乃取弊之极端而论之"，同样的说法在福泽的《国会论》中也可以看到。至于将民权派视为"一种社会党"的人们，恐怕大多都是读过《民情一新》，了解欧洲社会主义、宪章运动以及民粹运动的那些人。《邮便报知新闻》中的这篇社论显然受福泽的影响很大。但是，从"官民倾轧"的视角出发，越是对以爱国社为中心的国会开设运动进行批判，也就越表现出福泽阵营的立场由"改进"向"稳健"转移。《邮便报知新闻》的这篇社论的末尾突出地说明了这一点。"夫世之公论乃由上流社会组成"之类的说法不应该是"改进"派轻易挂在嘴边的。

当然，福泽阵营的"稳健化"受到了民权派的批判。前面提及的植木枝盛对"官民调和论"的批判是次年即一八八〇年十一月末的事情。值得注意的是，批判者植木自身对于福泽"官民调和论"色彩日益加重的论调，不是作为福泽的理论，而是作为一种"方便"来理解的。

笔者曾经在其他地方论述过，反对这种"官民调和论"的植木等民权左派的主张是"官与民利害相异，利害相异者不能调和"[1]。正如我们在前面详细考察的那样，福泽在《民情一新》中论述的是官民一体的"保守"与"改进"两大政党制，其主张与"官民调和"以及"官民倾轧"完全不在同一个层次。然而，他在《国会论》及《邮便报知新闻》上的论调却强化了"官民调和论"的色彩，与其说其立场是"改进派"，倒不如说是"稳健派"更为合适。

福泽于一八八一年九月出版了《时事小言》，其政治改革论有了更加显著的变化，与《民情一新》的距离进一步扩大。在《民情一新》中作为明快的结论所论述的有关依从民意、每三四年进行一次政权更迭的主张，在《时事小言》中却有了大幅度的缓和。

> 毕竟这一问题发乎人情，只要开启新旧交替之门，便足可以慰藉人情。开门之后于实际中或有不能新旧交替之事，即便如此亦不觉痛苦。或有频繁交替之事，如是亦无妨。……故其新旧交替实际情形如何暂且不论，唯有开其门一举，全体人民观之，乃我方在迎客人前来，如是则人情可安，不平可除。[2]

这里已经看不到两年前断言"维持国安之术唯在跟随时势授受政权一法"时的姿态了，也就是说没有实际的政权交替也可以，只希望建立一种制度。照这样推论，那么官僚派阀与政友会相互勾结挡住第二党上台执政的去路，即所谓的一九〇〇年体制也应该是可以被接受的。仅从制度方面来看，一九〇〇年以降，在大选中宪

---

① 《爱国新志》1880 年 12 月 5 日号，《明治文化全集 自由民权篇（续）》，第 120 页。
② 《福泽谕吉全集》第五卷，第 129 页。

政本党、立宪同志会、宪政会胜出，取代政友会执掌政权的路也是敞开着的。

从这些著作中主张的变化以及民权派对"官民调和论"的批判来看，福泽的政治体制论从《民情一新》以后出现了相当程度的倒退。但是，批判者植木枝盛把这种倒退视为一种"方便"，对此我们有必要给予关注。《民情一新》与《国会论》几乎是在同一时期出版发行的，不过，前面我们也提到了，前者讨论的是作为"十九世纪体系"的政治体制，而后者则是针对一八七九年这一特定时点提出的政治改革论。较之后者，前者理所当然更具有逻辑上的一贯性。

《时事小言》中有关政权交替的论述出现后退，其情形也大致如此。福泽于一八八一年十月十四日的书函中记述了从一八八一年一月的热海会议到十月"明治十四年政变"，他与伊藤博文、井上馨的关系往来。就在这份有名的书函中，福泽对《时事小言》做了如下的论述。

> 前几日发行的拙著《时事小言》乃去年以来之腹稿，其论或多与时事相关。此书前几日托中上川彦次郎带去，应该已分别呈送给二位。想必繁忙中尚无暇御览。虽如此，还望以一夕之闲读之，可明白著者之心事，仍与一月以来伊井二君之主义相同。若御览此书之后，以书中所论为怪，老生之辩护亦只能到此为止，一月以来与二君之谈话，只不过一场梦而已。[1]

正如这份书函所揭示的那样，《时事小言》的内容是基于一八八一年一月与井上会谈的基础之上修改而成的，并且福泽认为内容得到了明治政府内部最有实力的三位参议（伊藤、井上、大隈）的同意，可以说《时事小言》是现实的政治改革纲领。在这部期待产生现实政治效果的著述中，缺少《民情一新》那样的鲜明性

---

[1] 《福泽谕吉全集》第十七卷，1961，第478页。

也是自然而然的。而且，写作《时事小言》的时候，正是福泽对明治政府的影响力大增的时候，所以，即使同样是对现实政治的议论，《时事小言》的内容也比《国会论》慎重得多，这一点不足为奇。

那么，执笔《时事小言》的时候，福泽的本意是不是真的与《民情一新》中的主张相同呢？如果我们了解了一八八一年一月与井上会谈的内容，并且再读一下同年三月福泽的高徒矢野文雄为大隈起草的那份有名的开设国会建议书，就会明白福泽本人的思想与写作《民情一新》时几乎没有什么变化。这些都是太过有名的史料，而且本书也已引用过，所以这里只列举一些与前者有关联的关键地方，对其重新进行梳理。

关于一八八一年一月，在热海会议召开之前福泽与井上二人会谈的内容，在一八八一年十月十四日福泽写给伊藤、井上的书函中有详细的记述。这封书函被井上称为"报纸创办之历史记述"，并且得到了井上的承认，称"大概情形如上"①。从本书的观点来看，这封书函中重要的是下面这一节。

> 今年一月，日子已忘，有一夜老生造访井上君宅邸。……井上君面色一改曰，既如此，在下即明言，政府有开设国会之意。……此次我辈决意开设国会，无丝毫爱惜一身地位之念。我辈心意已决，无论任何政党上台，得民心之多数者，当以最寻常之姿态将政府让与之。恳请以此主义为据，于报纸发行之时亦可光明正大挥笔立论。②

如这里所说，井上馨不仅仅是对开设国会一事，对于福泽在《民情一新》中强调的伴随着政权更迭的议院内阁制，也表示了同意。听了井上之言，福泽竟感动地说："此前对君之决心竟毫无所

① 《福泽谕吉全集》第十七卷，1961，第 481 页。
② 《福泽谕吉全集》，第 473 页。

088

知，如是则乃明治政府之幸福，我日本国亦万万岁，可谓维新之大业有始有终。"① 建立伴随着政权更迭的两大政党制，是《民情一新》的结论，如果考虑到这一层，也就能够充分理解福泽的感动了。

另外，前面已提及，在以大隈重信的名字向左大臣递交的开设国会建议书中，有几乎与《民情一新》同出一辙的语句。若将二者做一个对比，就可以清楚井上毅为什么会在接到岩仓右大臣送来的大隈建议书的抄写本后，立即将《民情一新》呈送给岩仓了。②

大隈建议书中所阐述的政党内阁得行政、立法两权，以此来安定政治，以及如果失去了议会及有权者的支持而将政权让与反对党，这两点是福泽《民情一新》的核心内容。福泽在《民情一新》中阐述的主张，在一八八一年一月到三月的这个时点上，曾一度为伊藤博文以及同样是长州派的实力参议井上馨，还有很长一段时间都被人们视为大久保利通后继者的大隈重信参议接受。但同年十月发生的"明治十四年政变"，使这一构想以失败而告终。

第三节 德富苏峰的议院内阁制论

一 "大同团结运动"时期的议院内阁制论

如果要在一八八七年到一八八九年"大同团结运动"时期，找出与一八八〇年前后福泽谕吉的"保革调和论"相似的观点，自然就会想到德富苏峰的《国民之友》。一八八八年一月二十日的《国民之友》对急进派进行了批判，对"讲究秩序的进步党"予以了支持，对"英国流派的政治"表示了赞赏。该杂志这样论述道：

① 《福泽谕吉全集》，第474页。
② 井上毅传记编纂委员会编《井上毅传 史料篇第四》，国学院大学图书馆，1971，第338页。1881年6月14日井上毅致岩仓具视书篇。

近代日本的国家构想（一八七一～一九三六）

　　熟读我《国民之友》诸位必定知晓，《国民之友》平生与世间所谓壮士及与之相类似之有志家在政治意见上存有些许差异。……我在野党岂能尽是如此无分别之人？吾人现今于在野党中即看到有所谓讲秩序之进步党。……彼等之目的，乃使所谓英国流派之政治适于我国，以在朝之诸公成一党派，以自家之位置亦成另一党派，以在朝、在野之关系为英国政党之关系，相互遵守彼此间所生之礼节、顺序、规章条例等，欲以此堂堂正正呈对立之势。故有心之农工商人民，无不愿与彼等共同行动。①

　　稍后即将论及，一八八七年十二月末，由于保安条例的实施，急进派被逐出了东京。不过，苏峰对急进派的批判在此之前就已经开始了，苏峰的批判并非慑于保安条例的镇压，而是想要为自己找一个回旋的余地。为了维护苏峰的名誉，笔者想先说明这一点。上面这篇评论文章写于保安条例实施后不久，在这篇文章中，苏峰对急进派的运动也只是批评其"有失秩序"，即他是从运动的角度来批判的。苏峰明确表示，他的评论与那些把受到保安条例处罚的人视为"乱臣贼子"的看法"并不雷同"。

　　苏峰的"英国流派的政治"理论都是作为《国民之友》的社论、评论、时论发表的，所以，要像福泽谕吉那样将其区分为"长期构想"和"短期构想"，并不是一件简单的事。福泽的政治理论可以有明确的区分，他在《民情一新》中提倡明快的两大政党论，而在《时事小言》中提倡的是具有"官民调和"性质的、徒具形式的政党内阁论。苏峰的情况是，在《国民之友》中这两种理论常常混在一起，这一期持此种观点，下一期又持另一种观点，有时在同一篇评论里还会糅合两种观点。比如，在上面的引文中，苏峰提到"以在朝、在野之关系为英国政党之关系"，所以，即便是"壮士"以及"一种有志家"被排除在外，亦可以形成藩

---

① 《国民之友》14 号，1888 年 1 月 20 日，第 3～4 页。

阀政府相当于"保守党",而"讲秩序之进步党"相当于"自由主义政党"的两大政党制。然而,就在这篇评论的后半部分,苏峰又把这两者的关系描述成一种圆满的提携关系。

> 彼等并非与政府有不共戴天之仇,彼等易交流,易和睦相处,乃极易收揽其欢心之伙伴。只要回应彼等之要求,彼等即可成为明治政府之拥护者。或无热心拥护者,然必无热心之敌对者。庙堂诸君子尚不懂得,其难道不愿得聪慧之舆论拥护吗?①

前面我们曾经述及,一八八〇年前后福泽所着眼的立宪政治也是"守旧未必顽陋,改进未必粗暴,其皆为英国文明之人,其所为非欲变更全体之方向,其相互背离所争之处只是些许"。乍看上去,福泽主张的保守党与改进党的关系与苏峰所期待的"在朝诸公"与在野的"讲秩序之进步党"之间的关系颇为相似。但是,在福泽这里,只有"些许"差异的"守旧"与"改进"两派可以组建政党,相互交替执掌政权。而在苏峰这里,"在野党"中的"讲秩序之进步党"是要支持被视为"一个党派"的"在朝诸公",还是要自己取而代之执掌政权,时间不同,出现的地方不同,其含义也是不同的。在同一篇评论中,苏峰还写道:"讲秩序之进步党"是"得国民多数之赞成,即欲立于政府之上,实现其平生抱负之经纶者"②。

但是,正如我们在前一节中看到的那样,对于福泽的论述,如果不去特别仔细地研读,我们也很难判断他到底是保革两大政党论者,还是一个"官民调和论"者。对于苏峰的理论,恐怕也有必要将其区分为"长期构想"和"短期构想"来考察。

从"长期构想"来看,苏峰是一个英国流派的议院内阁制论

---

① 《国民之友》14 号,1888 年 1 月 20 日,第 5~6 页。
② 《国民之友》14 号,第 3 页。

者，这一点从下面的引文中可以清晰得见。

> 应在东京设一大政社。……欲讨论即聚集至此讨论，欲吵架亦可来此吵架。然民间党，于重要之观点当维持一致，诸如信奉立宪同治之主义，主张责任内阁之制度。……成全国人民之大团结，以发挥全国之舆论。民间党……唯有以多数之同意者即全国人民为其拥护者。而背离人民，凭一己独自桂马驰骋，此正是民间有志家失败之处。……故吾人欲先组织全国人民之大团结。……兴此舆论，无他，只在宣告现今迫在眉睫之一大主义，将全国人民之心集结于大主义之旗头。大主义者，何也？乃责任宰相、议院内阁之主义是也。盖于当今最重要、最大之争议者，乃我邦取德国流派之帝室内阁乎，抑或取英国流派之议院内阁乎？仅此一点而已，即此一点为内外朝野之乖离、互不相容之争论点。故吾人欲使全国人民聚集于此主义之下……以此势力进入二十三年之国会，于议会上爽快地发挥民间党之势力，以供内阁诸公一览。①

这段引文是对政府相当激烈的批判，也是相当彻底的议院内阁制论。寺崎修氏在最近发表的一篇论文中揭示了一个令人吃惊的事实，即在当初的保安条例适用者名单上，居然有福泽谕吉和德富苏峰的名字。不过，读了这段引文，对这一事实也就不会感到奇怪了。因为苏峰之罪完全符合三岛警视总监在呈报书中罗列的"发表过激之言论、意图阻隔官民"这一条。② 对于苏峰而言，国会开设前夕最大的争论焦点是实行德国流派的帝室内阁制，还是选择英国流派的议院内阁制，在这个意义上，可以说一八八七年的苏峰正是一八七九年的福泽的正统后继者。

---

① 《国民之友》9 号，1887 年 10 月 7 日，第 6～7 页。
② 寺岛修：《从反体制野党到体制内野党》，坂野润治、宫地正人、高村直助、安田浩、渡边治共编《系列日本近现代史 2　资本主义与"自由主义"》，岩波书店，1993，第 123 页。

第二章　三种立宪政体构想

苏峰排斥"士族民权"的急进论，而对社会中流阶层的稳健运动充满了期待。在这一点上他也是福泽的后继者。对于一八八七年十月左右兴起的、以旧自由党为中心的"三大事件建白运动"，苏峰给予了如下的警告。

> 世人贺政治世界之睡眠。吾人亦贺之。然吾人更忧虑政治世界恐慌之到来。所忧为何？乃民间有志家之举动是也。诚然，民间有志家已为明治十五六年政治世界之惊慌承受了严厉责罚，多为教训之苦涩而诚惶诚恐者。世人以为既如此，则今日无论有何种诱惑，明治十五六年跳过的粗暴舞蹈亦不可能再次上演，然政治世界之热，往往会欺瞒众人，纵是富有半生经验之人，有时亦如昨日刚刚出生之小儿。唯在恐慌尚未来临之时，才会有这样那样之议论，而一旦恐慌降临，则毫无应对之法。若恐慌没有降临，吾人甘愿服过虑之罪。正因为吾人甘愿服其罪，才祈请天下有识之士于今日提前做好警戒。
>
> 吾人感服民间有志家之热心。然其热心利用之手段如何，吾人欲闻之。今若重复十五六年之运动，其结果亦必定为十五六年结果之再现。在同一场合，出于同样之原因，必定会有同样之结果。
>
> 政府之倾向又如何？……首先警察严阵以待，发告谕给地方官，不时强化报纸、集会、出版之条例，事情稍有违法嫌疑，则以违法事件认定。若以如此举动，则必再现暴民尽被镇压之血相。其详细之手段，吾人今在此不再明言。[1]

苏峰的这篇评论简直像是乘上了时光机，准确地预测了从"三大事件建白运动"的高涨到保安条例出台这两个半月里事情的发展情形。据《自由党史》记载，从八月到九月，"壮士学生"的进京运动就已变得轰轰烈烈，其中十月三日后藤象二郎的集会和四

---

① 《国民之友》9号，第1～3页。

日的有志者恳亲会可谓声势浩大。① 但是，出席了后藤集会的苏峰，在他自己主办的《国民之友》杂志上，对此次集会却只是做了轻描淡写的报道，将其视为欧洲宴会上的政治演讲在日本的初次翻版。另外，对于四日举行的有志者恳亲会，《国民之友》也只是报道说："难得又见此番光景，四日于浅草鸥游馆举行了有志者恳亲会"②。在苏峰发表这篇评论的时候，运动还只是刚开端绪。在这个时点上，苏峰就已经预测到了其后"三大事件建白运动"的扩大与急进化，并预测到了作为应对措施，政府也会有类似出台保安条例这样的举动。由此可以看出，苏峰作为政治评论家，有着出类拔萃的洞察力。

针对"背离人民，凭一己独自桂马驰骋"的旧自由党系运动家的中央集权倾向，苏峰提出的对策是：强化地方权力基础，为即将来临的国会议员大选做准备。他主张："以吾人之所见，真正的政治运动，即在明治二十三年国会开设之日。且以此日为始。……今日当开展国会准备之运动。……然其运动之方法如何？……吾人感觉，于我邦之今日，于各地方设立政社尤有必要。所谓政社并非繁琐之物。邻里乡党，其中尤其热心政治者，每逢闲暇即来相会，或谈论时事，或讨论政治、租税、宪法、国会等事宜，或提名国会开设之日何人可胜任其候补者……或相互为辩手，或为旁听者，或准备他日成为国会议员、地方议员、政治家、地方政治家。"③

从一八八七年十月到十二月，二十一个府县的代表们为了"三大事件建白运动"，即缔结对等条约，减轻地租，言论、集会、出版自由的请愿共计进京九十一次。在迄今为止的研究中，研究人员都将这些运动视为"大同团结运动"的开始。但是，在一八八七年十月三日后藤象二郎将各派实力人物七十名集结到三绿亭，以

---

① 板垣退助监修，远山茂树、佐藤诚朗校订《自由党史（下）》，岩波文库，1958，第275～290页。
② 《国民之友》10号，1887年10月21日，第35～36页。
③ 《国民之友》9号，第4～5页。

及在接下来的十月九日与十日，在浅草鸥游馆召集近一千名听众召开有志联合演说会的这个时点上，"大同团结运动"就已经分裂成旧自由党系和新近加入运动的稳健派两个阵营。前面引用的苏峰批判急进派的评论文章发表在这两次集会的中间，即十月七日，从这一点上我们也可以推测出分裂的事实。

能够从中比较明确地看出急进派与稳健派差异的史料，当数十月九日末广重恭在有志联合演说会上的演讲稿。末广是这次演说会的主办人之一。他在大会上做了如下论述。

> 不光明正大地与大多数人共进退，而是彼处三人此处五人，暗中集会订立契约，欲秘密成事，这样的人卑屈之至，绝不能于青天白日下成立政党。故我们必须竭尽全力，将其摈斥于社会之外。而且，欲在光明正大之政事竞争中使用手段，私下贮藏火药或制造炸药，欲效仿彼之所谓社会党、虚无党的做法，这样的人会使毒害殃及社会，给我们的运动带来妨碍，故须借助舆论之力禁止之，我们希望在青天白日之下一决政事胜负。

> 多年来我一直主张社会上的政治家当舍小异、求大同，在报纸上、演讲中、著述中阐述过几十次。……数月前政治上的一次小变动，即引起世人的广泛关注，我感觉有必要将分裂后的小团体联合起来，于是屡屡与诸位有志家集会进行商讨……关于当下以及将来所发生的政事上的大疑问，当团结多数，取同一个方向，借舆论之势力使政事上的机关运转，在这一点上诸位意趣相同。所以，前几日在此楼上召开了有近三百名有志者参加的恳亲会，还有今日举行的联合大演说会。

> 我们今后在政事上需要尽力的地方如前所示：第一，希望政府不要将我们与那些在黑暗中偷偷摸摸做事情的人视为等同，请查清我们的所为乃出于光明正大之举动，不要加以妨碍。第二，希望与我们订立契约走同一条道路的人们，最终都要以唤起一国之舆论，以和平手段成就政事之改革为目的，不

要乱用过激粗暴之举动，给我们全体之运动带来妨害。①

在前面提及的《二十三年未来记》中，末广曾对"神权论"与"天赋人权论"的正面冲突敲响了警钟，在这里他又提出"舍小异、求大同"的诉求，同时，对于因旧民权派的复活而可能导致运动的激化表现出强烈的担忧。

末广所提倡的"大同团结运动"获得了苏峰《国民之友》的侧面援助，已经在当地扎下了根。但是，很快就被旧自由党系的进京—建白—请愿型的运动夺取了主导权。十一月十五日由来自三府一道三十五个县的三百四十八名志愿者组成的进京委员会召开了有志者恳亲大会，而立宪改进党系的人没有参加。不仅如此，在这次有志者恳亲大会上，代表旧自由党系的星亨像是在否定末广在十月份的集会上所做的发言一样，他讲道：

> 社会上有些人看到今日有志者或建白请愿，或召开恳亲会，或为其他种种时事奔走，即予以非难，此等皆乃俗论，不足为取。②

据柳田泉氏对末广铁肠详细缜密的研究记载，以十月十五日这次有志者恳亲大会为转折点，"星和片冈成了运动的主导者，而铁肠渐渐地遭到了疏远"③。星亨、片冈健吉等旧自由党的大政治家执运动之牛耳，三百多名进京运动家各自带着"三大事件建白书"涌向了元老院和政府高官的官邸，不断举行演说会，"三大事件建白运动"压倒了"大同团结运动"。苏峰在《国民之友》十二月二十七日号上，刊载了题为"提出建白书以后又该如何"的评论，对"三大事件建白运动"做了一番揶揄性的描述。

---

① 《朝野新闻》1879 年 10 月 18 号。
② 《自由党史（下）》，第 292 页。
③ 柳田泉：《明治文学研究》第九卷，春秋社，1968，第 345 页。

第二章 三种立宪政体构想

明治二十年实在是建白书之丰收之年。今地方有志者陆陆续续聚集东京，就外交事件、地租减轻、集会、言论、出版自由等呈递其建白书者，已有高知、爱媛、长野、岩手、福岛、新潟、山形、宫城、京都、茨城、枥木、千叶、富山、福井、大阪、山梨、兵库、爱知、群马、埼玉等，超过了二府十八县，而其他各地有志者代表还在不断涌向京城，欲奉上其建白书。为此，平日里门可罗雀的元老院瞬间如置身于闹市，负责处理建白书的议官近日里亦难得一见，呈现出一派繁忙之景象。①

对"三大事件建白运动"做了一番嘲弄后，接下来苏峰又阐述了他的一贯主张，即强化地方基础，为开设国会做准备，即"今日非赫然展示民间势力之时，而乃悄然培育民间之力之时；非发起运动之时，而乃为运动做准备之时"。对于苏峰而言，所谓的"大同团结运动"是以"破坏性的社会"转变成了"建设性的社会"为前提，以一八九〇年的第一次总选举为目标，在全国范围内强化四议院内阁制论者选举地盘而发起的运动。

在"大同团结运动"的主导权为旧自由党系的"三大事件建白运动"独占的瞬间，藩阀政府采取了行动。这就是十二月二十五日公布并于当日实施的保安条例。根据这一条例，政府在一年到三年之内将滞留在东京的四百五十一名急进的活动家驱逐出东京。前面述及十一月十五日有志者恳亲大会的出席者有三百四十八名，从这一点来看，保安条例的意义也就不言而喻了吧。三大事件建白派被连根拔起，被迫全部退出了东京。换言之，苏峰等人作为一种运动理论提出来的劝告，最后由藩阀政府借警察之力予以了强制执行。

当然，苏峰并没有肯定政府对民权派的这种镇压。如前所述，苏峰在《国民之友》杂志上明确表示，自己虽然从运动理论的角

---

① 《国民之友》13 号，1887 年 12 月 27 日，第 13~14 页。

度批判了旧自由党系，但是，"与污蔑诸子、视之为乱臣贼子之论者并不雷同"①。

但是，毫无疑问，由于自己批判的对象因保安条例遭到了打击，苏峰对自己的主张更加有了自信。前面介绍过，苏峰主张要在"有秩序之进步党"与藩阀政府之间建立一种类似于"英国政党关系"的关系，这些建议就是在保安条例实施后不久提出来的。另外，他把一直以来对旧自由党的批判和对地方团结的奖励的主张，作为对"士族根性"的批判和对"乡村绅士"的肯定重新做了整理，这也是在保安条例实施后一两个月的事情。苏峰在《国民之友》杂志上分三次连载的《士族论》和《乡村绅士论》颇负盛名，不过，这里只介绍对我们了解保安条例实施后"大同团结运动"性质必要的内容。

苏峰首先将旧自由党派的急进论作为"士族根性"的伪自由论给予了如下批判。

渠辈为天下之事奔走，与自身无直接之利害关系，多不过为他人代言。自己不酿一升酒，却在为减轻酒税之建白奔走；自己连巴掌大的田园都不曾拥有，却在为减轻地税请愿；自己没有国会议员的资格，却在为国会之事喋喋不休……若真是为他人献身、爱同胞、爱天下者，予辈唯有敬服矣。然缘此和平之运动亦动辄变得粗暴，有序之事业亦动辄变得不合时宜……降低自由论价值之事亦不少。②

苏峰以"士族根性"之名批判的正是因保安条例被逐出东京的"大同团结运动"内部旧自由党系的急进派。

与"士族根性"形成对比的是"乡村绅士"。有一点值得注意，苏峰最为期待的是受过高等教育，除了种植稻米以外还积极从

---

① 《国民之友》14 号，第 3 页。

② 《国民之友》15 号，1888 年 2 月 17 日，第 6 页

事养蚕业，制茶业的中小地主。他认为教育与生活上的需要"驱使温良乐观的乡村绅士变成有为活泼之人民"，当他们成为"政治上可爱的又是可依靠的一个要素"的时候，"士族国"日本就会变成一个"平民社会"。①

这与苏峰在二月十七号与三月二号的《国民之友》杂志上所阐述的"乡村绅士论"的内涵有相当大的差异。二月十七号描述的是"于土地上、门第上、习惯上，在当地都有一种无法言表的势力"，也可称之为"村内的总理大臣"。而在三月二号的杂志上描述的有着良好教育背景、富有企业心的"乡村绅士"却是"中小地主"。

但是，苏峰忽略了一八八〇年前后的"自由民权运动"以及在松方财政紧缩政策之下农村的困境。对眼前发生的实际情况缺乏足够的了解，是苏峰旧自由党批判的一个弱点。这大概是因为撰写这些评论文章的时候，苏峰还只是一个年仅二十五岁的青年，而在自由民权运动的全盛期，他才是一个十几岁的少年吧。不管怎么说，自由民权运动并不像苏峰所讥讽的那样，只是士族的运动。而且苏峰寄予厚望的"乡村绅士"如果是那些除了种稻以外还致力于养蚕、制茶等经营的中小地主的话，那么，他们这些人正是松方财政紧缩政策的最大受害者，因而也不可能简单地听命于明治政府。

的确，保安条例实施以后，后藤象二郎、大石正巳等稳健派成了"大同团结运动"的中心。为了掌控东北地区的"乡村绅士"，后藤等人从一八八八年七月初到八月中旬展开了极尽所能的游说活动。对于这次游说取得的成果，其机关杂志《政论》在九月发表报道称，一八八〇年前后的运动是以"家中无丰厚资财之旧藩士子弟"为中心，而这次的游说活动是"热心锐意咨询政治之事，愿为国家尽心力之诸士，往往为有巨万资产之豪农富商，且其学问知识超出常人者"不少。② 但是，从这里依然可以看出对民权运动

---

① 《国民之友》17号，1888年3月2日，第7页。
② 《政论》8号，1888年9月21日，第12页。

时代"豪农富商"的支援评价过低，而对"乡村绅士"反急进性的评价有点过高。事实上，与苏峰以及《政论》集团的期待相反，由稳健派推进的地方游说反而激活了地方上旧自由党系活动家的活动。不愧是苏峰，他在一八八八年末就已经敏锐地注意到了这一发展态势。十一月六日的《国民之友》登载了下面这篇值得关注的文章。

> 以吾人之所见，"大同团结运动"之主唱者后藤伯之主义，似与旧自由党有相异之处。所谓大同团结，第一乃网罗各种分子，第二乃收揽稳健踏实之地方人士，诸如此类，并非与旧自由党没有任何差别。然自由派之多数恐已包罗在此大同团结之中，而身处大同团结之中，依然不失原来之特色。成为大同团结之主动力亦不可知。[1]

为了庆祝《明治宪法》的颁布，政府公布了大赦令，缘此包括保安条例适用者在内，多数民权运动家都获得了赦免，恢复了公民权利。这样，旧自由党系愈发加快了东山再起的步伐。据寺崎修氏的考据，已经获准和尚未获准的出狱者共达四百五十八人，还有保安条例的适用者也被解除了禁令，可以在东京从事活动。[2] "有秩序之进步党"及"和平的人情党"瞬间失去了运动的主导权。对于这样的事态，苏峰做了如下的评论。

> 原本旧自由党员已经占了大同团结之多数，加之又有如此猛烈之新势力加入，本流之水势为支流之水势所压……大同团结派之君子去年以来辛苦经营，亦不过是为旧自由党诸士施展伎俩搭建了舞台，此种态势乃世人私下担忧之处。[3]

---

① 《国民之友》34 号，1888 年 11 月 6 日，第 47 页。
② 寺岛修：《从反体制野党到体制内野党》，第 126～127 页。
③ 《国民之友》51 号，1889 年 5 月 22 日，第 14 页。

第二章 三种立宪政体构想

苏峰开始领悟到了"大同团结运动"最终只不过是在帮助旧自由党复活，于是他开始对大同团结派在大选前筹划组建政党展开了批判。在一八八八年十二月发表的论述九州六团体加入"大同团结运动"是与非的评论中，苏峰对议会开设前结成一大党派表示了反对。他论述道：

> 以吾之所见，加入大同团结者，概为旧自由党诸氏，若不然即为与旧自由党有缘故者，抑或一部分迄今为止处于中立位置者，抑或由保守党变为新保守党者。而天下不能加入者颇多。改进党不能加入，与改进党有缘故者不能加入，中立之士、有见识之人，多数不能加入。果真如此，则今日所谓大同团结者，非合并所有党派而成一九，乃于所有党派之外另加一派也。……议会一旦开设，存在于我邦之所有要素，尽可显其本色。此时若有意见相同者，则以之为盟友；意见不同者，则以之为敌手，如是亦尚不晚也。[1]

从一八八七年后半年到一八八八年初的这段时间，苏峰期待着将旧自由党急进派排除在外的"大同团结运动"能够组织"乡村绅士"，为组建一个像英国自由党一样的"有秩序之进步党"奠定基础。但是，从一八八八年后半年到一八八九年初，"大同团结运动"变成了旧自由党的别名。至此，苏峰断言"吾于今日看不到大同团结之必要"[2]，他不再对组建英国式的"有秩序之进步党"抱有希望，而是期待着一八九〇年七月大选后政界的再编。

二 议会开设以后的议院内阁制论

从一八九〇年七月的第一次大选到一八九四年三月的第三次大选，是初期议会期。关于苏峰在这一时期的政治体制论，详细可见

---

① 《国民之友》36 号，1888 年 12 月 21 日，第 19 页。
② 《国民之友》36 号，1888 年 12 月 21 日，第 19 页。

以笔者为中心的"明治立宪制研究会"最近的共同研究《明治立宪政治的形成过程》。^① 这里，笔者仅从中选取最为重要的几点，并辅以若干补充说明。

第一，以议会开设为转折点，苏峰的主张从"官民倾轧批判"突然转变为"官民倾轧期待"。苏峰对他的这种转变做了如下的说明。

> 议会尚未开设之前，民党与政府之关系乃不平等之关系……此时猝尔相战，其胜败可知。故吾人于议会开设之前，不由得为民党担心，不希望民党之士攻击政府。……然议会一旦开设，既有宪法护我，法律护我。……议会乃纯然独立之立法部。……是时，彼我皆……处于同一位置……此时若不吐民党之气焰，便再无可吐之时机。^②

掌握着立法府的"民党"与掌握着行政府的藩阀政府已经处在对等的位置上，所以应该充分使用其权限，为议院内阁制的实现努力，这是初期议会期苏峰的一贯立场。正是基于这一观点，苏峰批判了第一次议会上土佐派的背叛，接着又对第四次议会到第五次议会期间星亨等人的妥协路线进行了批判。

有趣的是，苏峰的论敌星亨对于议会开设前后政党应有的姿态所做的阐述却与苏峰恰好相反。在一八九三年一月的自由党演说会上，星亨阐述道：

> 自由党的运动在宪法颁布或者说实施前后，其旨趣有很大差别，这是事实，对此想必诸君已有所了解。在宪法尚未颁布，尚未实施之前，即在专制政治之下，因时势要求，必有在

---

① 明治立宪制研究会《明治立宪政治的形成过程——〈国民之友〉的议院内阁制论（二）》，《社会科学研究》第 48 卷第 2 号，1996 年 8 月。

② 《国民之友》107 号，1891 年 1 月 23 日，第 13 页。

旁人看来或许过激、粗暴之行为。……但是，在宪法已经颁布之今日，时势不允许有过激、粗暴之行为。……明治二十三年后之星亨与明治二十三年前之星亨虽为同一人（或许身体比以前胖一些）……然而其行为已大有不同。[①]

在这次演讲中，星亨指名批评了改进党，认为其正在与自由党背道而驰，正朝着苏峰的方向发展。他说："在我看来，改进党现在的做法，在已确立起立宪政体的今日，是一点都不合时宜的做法。……在立宪政体尚未确立之时，尽管时势要求采取非常之手段，然而改进党展开了老成持重的运动；如今立宪政体已然确立，彼等却骤然提出要发起急进之运动，在我看来，这其中必有原因吧。"[②] 关于议会开设以后政党应该以何种姿态存在，苏峰与星亨二人的想法正好相反。

另外，这里受到星亨批判的改进党，其立场与苏峰几乎完全一致，这一点也值得我们关注。与第二节中探讨福泽谕吉议院内阁制论时一样，苏峰的主张也并不是简单的一个记者的思想问题，而是代表了以改进党为中心的民党左派的立场。正因如此，它才在政治史上具有一定的意义。即使以同一个思想家为对象，思想史与政治史所关注的焦点也是完全不同的。

第二，议会开设以后，政党是依旧保持在野党的特点还是应该使体制内化，在这一点上苏峰的立场与星亨也是对立的，而且他们的对立并不止于此。如前所述，对于苏峰而言，议会制并不是为了"官民倾轧"而存在的，而是对于建立由保革两大政党轮流执政的议院内阁制有着重要的意义。作为建立议院内阁制的一个大前提，就是在议会开设以后也有必要将标榜超然主义、无视议会意向的藩阀政府推翻。苏峰一直提倡民党联合起来向藩阀政府发起攻击，就是出于这一目的，尽管这看上去与他的两大政党论是相互矛盾的。

①　《党报》28 号，1893 年 1 月 10 日，第 19～20 页。
②　《党报》28 号，1893 年 1 月 10 日，第 21 页。

以这样的观点来看，建立议院内阁制最大的障碍是藩阀内部的左派与民党内部的右派组建的联合内阁。如果前者执行政府的牛耳，后者执立法府的牛耳，二者的提携常态化的话，那么，就可以压制外界所有的声音，无论这种声音是来自右派还是来自左派。这既可能成为迈向政党内阁制的第一步，同时也蕴含着扼杀议会政治所追求的多元主义的危险。

基于上述看法，苏峰对于第二次伊藤内阁内部的文治派（伊藤博文、后藤象二郎、陆奥宗光等）与自由党内部以星亨为中心的现实主义派的联合，表现出了强烈的警戒心理。在第四次议会召开期间，即一八九三年二月，苏峰在《国民之友》杂志上发表了题为《假定与假定》的评论文章，他论述道：

> 假使文派有幸制胜于朝廷之谋略……政府必以让予说为挡箭牌对付议会。……今假定做一大英明决断，（政府中之文派）让予至民党满足为止，其时政府中之武派必会联袂退出，若发展到如此情形……即可趁势向民党首领提出入阁邀请。此时文派占六分，民党占四分之联合内阁即可成立。然此时，民党中之一部分人必定走向腐败。……于此种情形之下，（一）需有民党被文治派同化，而非民党同化文治派之思想准备。（二）需有文治派依然占据政府之主位，民党仅居客位之思想准备。……（五）民党中急于功名者，敏感于利达之事者，汲汲于金章紫绶，而又以傲骨自负之徒，相约弃民党而去……民党之团结崩溃……气势萎靡，对此须有思想准备。①

在第四次议会阶段，出现像这样的文治派与自由党的联合内阁的可能性很小。苏峰自己也相信"靠让予来解决问题，十之八九不可能实现"。但是，大势正朝着这一方向发展也是事实。② 这样，

---

① 《国民之友》180 号，1893 年 2 月 3 日，第 2~3 页。
② 参见坂野润治《明治宪法体制的确立》，东京大学出版会，1971，第一章第二节。

第二章　三种立宪政体构想

从第四次议会开始，经由第五次议会，直到一八九四年三月的第三次大选，苏峰对自由党内部的民党派给予了舆论支持，并竭力试图抑制星亨等的妥协路线。一八九三年十月星亨作为律师在为相马子爵家的家业继承纠纷案做辩护的时候，滥用了他作为自由党指导者获得的信息。对这一"星亨悖德事件"，《国民之友》做了如下论述。

　　吾人曾明言，若天下之事皆按伊藤内阁参谋部之意运行，则政府会以资其力，使自由党膨胀到可制议会过半数之程度……从自由党中推荐二三人士给政府，出现一种文治派与自由党联合内阁亦尚未可知。……此不仅为彼等文治派之理想，自由党本部内二三子，至少星亨一派之理想亦与之无大差。……然上天尚未抛弃自由党。……与相马事件环环相扣之社会上所谓"星亨悖德事件"……忽然间使自由党本部之发展遭一大打击。……自由党内部之舆论，猛然倒向非调和……表彰与藩阀政府决战之大精神。[①]

但是，以星亨为中心的自由党本部，与伊藤内阁的提携路线并没有因地方一般党员的抵抗而受到挫折。一八九三年十一月二十日自由党的秘密会议，以及同月三十日召开的该党代议士会议，压制了党内左派对星亨的批判。同年十二月的《国民之友》对党内左派的败北发表了如下的感叹。

　　自由党内部全然一分为三。……第一层乃星亨派是也，第二层乃地方正义派是也，第三层乃后藤派是也。吾原相信地方正义派之势力能制御其余二者，故于彼等之革新寄予厚望。然其瞩望全然成一画饼矣。[②]

① 《国民之友》205 号，1893 年 10 月 13 日，第 1～2 页。
② 《国民之友》211 号，1893 年 12 月 13 日，第 4～5 页。

将星亨除名的动议，以及要求其辞去议长的动议都遭到了否决。

一八九四年三月，在第五次议会解散后举行的第三次大选中，明确与伊藤内阁相互提携的自由党获得了一百二十个议席，较前一次增加了二十六个议席。正如笔者在旧著中所揭示的那样，尽管自由党在第三次大选中获胜，但伊藤内阁与自由党的提携并没有带来政界的安定。在七十六家报纸杂志发起的联合运动的支持下，改进、革新、国民协会等反自由党六派结成了共同战线，对伊藤、自由党的提携路线展开了猛烈的攻击。在一八九四年九月第四次大选中，自由党大败，在三百个议席中仅获得了一百零四个议席。

但是，正如笔者在旧著中所揭示的那样，这一由"硬六派"组成的反自由党联合，与第一次议会到第五次议会期间一直持续着的民党联合运动性质并不相同。① 从反映国内问题的"民力修养"到具有民族主义色彩的"现行条约厉行"，反自由党联合运动的核心口号发生了很大的改变。当然，最先抛弃民党多年来所坚持的"民力修养"论的，是星亨率领的自由党指导部。但是，剩下的改进党等民党也跟着抛弃了"民力修养"论，转而打出了"对外强硬"的旗号，试图借助保守派之力，来对抗自由党的方向转换。

苏峰高举"平民的欧化主义"旗帜，一直以来对谷干城、陆羯南的"平民的国民主义"持批判的态度，认为其是"保守反动"。对于他而言，拥护具有强烈的条约改正论色彩的"现行条约厉行"论，近乎于自杀行为。而且，苏峰一直批判文治派与自由党的提携是民党的堕落，他与保守派的山县有朋以及国民协会等武断派而不是文治派提携，也是意图声东击西而做过了头。但是，在一八九三年八月，苏峰却开始对文治派与自由党提携的可能性给予了肯定。"第五次议会之战场——强硬的国民派与强硬

---

① 坂野润治：《明治宪法体制的确立》，东京大学出版会，1971，第一章第二节。

的改进党合流成一军，现任内阁与自由党以柔相聚，亦成一军，二者对峙，似要演出一幕奇怪之话剧"，苏峰在做出上述准确预测的同时，也开始对这一倾向给予了肯定，即若与伊藤内阁与自由党之联合的"无趣味、无目的、不活泼、不愉快相比，其还有快活一点可看"①。至于前者，在一八九四年四月的题为"平民进步主义与国民精神"的评论中，苏峰对"平民的国民主义"或者说是"保守反动"表示了屈服，这些事实在日本近代史上都属于常识。

---

① 《国民之友》199号，1893年8月13日，第16～17页。

第三章　《明治宪法》体制的三种解释

前　言

　　一八八九年二月《明治宪法》颁布。围绕着宪法的解释，人们展开了激烈的论争。本章拟通过考察这些论争来探讨在宪法之下人们所设想的不同的政治体制构想。所以，这里我们关心的是，在宪法的规定之下，各种政治势力以及思想家们各自追求什么样的政治体制。战前的日本，是通过各种宪法解释来表明哪一派势力追求什么样的立宪政治，而不是反过来进行说明。并不是说先有了宪法以及几种可能的解释，然后立宪政治的本质就由此而被单方面决定。从这个意义上说，我们不应该把战前日本立宪政治的局限性全部归咎于《明治宪法》，并以此去解释其后日本立宪政治落后的原因。主要的责任在于各种政治势力及思想家的立宪政治构想，而《明治宪法》的责任倒是其次。

　　虽说对宪法解释的"自由度"是有明显的局限的，但如果仅把穗积八束、美浓部达吉与北一辉三人的对《明治宪法》解释的结论摆在一起看，对宪法解释的"自由度"的确是不受限制的。在穗积看来，天皇可以在没有国务大臣、议会同意的情况下自由决定国防、外交、官制等国家的重要政策。然而，按照美浓部的解释，天皇要受内阁总体意志的约束，各国务大臣也需要服从内阁会议的决定。在北一辉这里，通过男子普选成立的、代表全体国民意志的议会，与天皇拥有同等的权限。从同样的宪法条文里会得出如此不同的解释，不能不说这部宪法的解释涵盖面相当宽泛。

第三章　《明治宪法》体制的三种解释

但是，这些极端的宪法解释，第一，没有与凝聚了当事者们心血的条文进行一番比较，因此没有说服力。第二，即使有说服力，这种改宪解释的说服力也是有局限性的。

穗积八束的以天皇为中心的宪法解释虽然具有一定的理论上的连贯性，但是他仍然不得不说"若以多数决之，不用说我学者之通说乃所谓君主机关说。予之国体论已有三十年……且与社会风潮不合，无后进以热诚继续之，今只叹孤城落日矣"[1]。与"社会风潮"不合是明治末年穗积宪法学不受欢迎的一个原因。不过，从宪法起草者的意图来看，穗积轻视内阁的宪法解释已经属于改宪解释，这种解释相当勉强，这也是造成其"孤城落日"的一个重要原因。以内阁为中心的美浓部的宪法解释也一样，没有得到军部、枢密院的认可，议会的地位也没有因他的宪法解释得到充分的提高。美浓部的改宪解释也没有完全摆脱宪法以及宪法制定者意图的束缚。至于主张天皇与议会权限相等的北一辉，对于他的宪法解释，连民本主义者和社会主义者也都没有给予支持。

如上所述，宪法解释既反映了政治家、思想家个体的政治理念，同时也反映了制度对他们理念的束缚。日本的立宪政治特征就是在这些理念与束缚的矛盾对立中逐步形成的。在战前最后的十五年，尤其是在一九三五年以后的十年危机中，这些理念与束缚的相克，以及最终形成的立宪政治形象都在一个时期内土崩瓦解了。然而，在战后政治中所有这些又得以再现，并在某种程度上影响着今天的立宪政治。

正如前面所揭示的那样，本书并不认为战前日本存在一个特定的、正统的宪法解释，而是存在基于"大权政治""内阁政治""民本政治"三种政治理念的三种改宪解释。所谓日本式立宪政治的原型，正是在这种改宪解释与宪法正文和政治社会变化的较量过程中逐步形成的。本章的分析即将围绕这一观点展开。

在上述三种对《明治宪法》的解释中，以"大权政治"为中

---

① 穗积八束：《宪法提要》，有斐阁，1910，第214页。

心来把握《明治宪法》体制的是辻清明，而将"内阁政治"与"民本政治"置于基本对立轴的则是久野收。辻清明写于战败前两年的论文《统治结构中的割据性基因》①对于战后的《明治宪法》体制论产生了很大的影响。在该文中，辻清明依据由井上毅起草的、以伊藤博文的名义刊发的《宪法义解》第五十五条的相关注释，断定该条规定了国务大臣的单独责任制，并由此得出了"单独责任制的实施反而成了阻碍内阁自身统一和强大的重要原因"的见解。②但是，第一，《宪法义解》第五十五条的解释本身极不明确，仅从该文未必就能得出"单独责任制"的结论。这是因为，辻清明引用的只是有关"各省大臣"的"专任之事务"，而接下来《宪法义解》中"若至国家内外大事，关系政府全局，非各部专任之所……此时所有大臣必当取全体责任之立场，此乃其固有之本分"的记述却被故意省略掉了。稍后我们还会提及，《宪法义解》为什么会附加如此模棱两可的说明，哪一边才是《宪法义解》真正想要强调的，这些就是研究的对象，并不是简单地省略掉其中一部分就可以解决的。第二，即便《宪法义解》的解释像辻清明所说的那样，但是从明治末年到昭和初年，依据《宪法义解》的后半部分来强调内阁"全体责任"的美浓部达吉的宪法学拥有了很大的影响力。跳过这中间的二十年，试图以《宪法义解》为依据来说明战前日本内阁权限的衰弱，太过片面。毋庸置疑，在第一节中我们要探讨穗积八束的《宪法提要》与辻清明的观点是相互吻合的，不过，穗积的理论在明治末年却呈现出"孤城落日"的景象，这一点穗积本人是承认的。

与此相反，久野收关注的是《宪法义解》中具有"内阁政治"的一面，并将其视为权力世界内部的、正统的宪法解释（密教）。但是，他又强调，面向一般国民的宪法，贯穿了天皇亲政的原则（显教），由此可以看出伊藤博文等制定的《明治宪法》体制的巧

---

① 辻清明：《日本官僚制研究》，弘文堂，1952，第 66～127 页。

② 《日本官僚制研究》，第 123 页。

第三章 《明治宪法》体制的三种解释

妙性。[1] 这种"密教""显教"论不仅指出了天皇机关说在权力世界内部的影响之大,纠正了人们对"超国家主义论"的过高评价,而且作为打破这种二元论的可能性,还对北一辉的社会民主主义天皇论以及吉野作造的民本主义论也给予了关注,在这一点上具有划时代的意义。只是,从这一观点看问题的时候,我们在第一节中将要探讨的罗斯勒、都筑馨六、穗积八束等人的见解,就会在权力的世界里失去安身之所,而只能一味地被当成教化大众的手段,而政党内阁苦于应对的陆海军参谋本部及枢密院所依据的宪法解释,也会从我们的视野里消失。换句话说,也就是政党政治家以及思想家们在伊藤博文去世后的权力世界里试图通过宪法解释确立天皇机关说的努力可能会受到轻视。在久野氏的研究中,北一辉和吉野作造得到了较高的评价,而美浓部达吉、原敬没有受到重视就是这个缘故。

总之,辻清明认为《明治宪法》体制具有天皇亲政的性质,而天皇机关说则是要达成的目标。久野则将天皇机关说视为权力世界的正统,为了向国民普及而将其定位为民本主义。辻清明与久野二人的见解存在一些微妙的差异,并不完全重叠、吻合。

与此相对,增田知子在《明治立宪制与天皇》中则指出,天皇亲政论与天皇机关说是《明治宪法》体制下一直并存的、权力世界中相互对立的体制论。在该文中,作者是这样设计问题的:

> 这里的问题是,排斥议会主义的君主专制理论与否定君主专制的立宪主义理论并存。这一事实即意味着仅凭一方面的理论不足以解释战前的立宪君主制。其原因恐怕在于形成议会主义与天皇专制主义"缩小均衡"的天皇、内阁、议会之间的关系并不是固定的,而是常常处在变动之中。有时候天皇与内阁同心协力来压迫议会,有时候议会也会摆出与天皇同心协力的姿态来对抗内阁。此外,议会与内阁团结起来利用天皇命令

---

① 鹤见俊辅、久野收:《现代日本的思想》,岩波新书,1956,第118~182页。

权的情形也并不鲜见。所以，出于政治目的，时任政权者所做的宪法解释，与宪法制定当时的《宪法义解》以及宪法学者具有的系统的理论解释不一致，也是理所当然的。观察战前日本具有代表性的宪法学者穗积八束、美浓部达吉，即使是在他们各自的理论被当作一般性的学说广为流行的时代，他们的理论也很难适应当时政治上的变化。①

毋庸赘言，这样的问题设定显然是旨在综合辻氏与久野氏二人各自代表的两种不同的天皇制形象。

在这篇很值得关注的论文里，增田氏阐述的主要观点可以归纳为以下五点。

第一，一九〇〇年伊藤博文成立立宪政友会。在他作为总裁组建第四次伊藤内阁的时候，伊藤依据宪法中有关国务大臣对天皇单独负责的规定，进一步推进了内阁对天皇的连带责任，但是，内阁对议会的责任依然是"间接"性的，所以伊藤的做法依然停留在"君主政党论的领域"。②

第二，除了军部大臣的战场上的奏权以外，对于天皇，是实行内阁连带责任制，还是实行国务大臣单独责任制，在一九〇七年公式令制定以后政府对此的解释基本上有了着落。公式令第七条规定，军令以外的所有敕令都必须有总理大臣的署名，军部大臣以外的其他所有阁僚在总理大臣的领导下共同对天皇负责。③

第三，尽管如此，在涉及决定兵力保有量的编制大权（《明治宪法》第十二条）的问题上，伊藤与山县有朋之间产生了激烈的争论。有关统帅权的范围（军部独立的范围），在制定公式令的时候依然是模棱两可。④

---

① 增田知子：《明治立宪制与天皇》，《社会科学研究》第 41 卷 4 号，1989 年 12 月，第 5 页。
② 增田知子：《明治立宪制与天皇》，第 72 页。
③ 《明治立宪制与天皇》，第 93 页。
④ 《明治立宪制与天皇》，第 92～93 页。

第四，在关涉决定兵力保有量的编制大权事项上，军部大臣以及陆海军参谋总长能否可以不经过内阁而直接上奏天皇（《帷幄上奏论》），关于这一点，由于实际上的决定者、权威的天皇已经去世，情况并不明朗。伊藤的解释虽有较高的可信度，但最终并没有成为一种制度性的解释。[①]

第五，伊藤将内阁对天皇的连带责任论发展成对议会的连带责任论，由此足以说明美浓部的政党内阁论具有划时代的重要意义，但是，即便是美浓部也没能够明确说明政党内阁是天皇责任多一些，还是议会责任多一些。[②]

在上述五点中，其中阐述向内阁连带责任制迈进的第二点，以及由于明治天皇的去世，内阁责任制又得以向前迈进一步的第四点，这两点贡献尤其大。

如果对上述三人的先行业绩进行提纯的话，那么，我们不妨可以简单地归纳为，辻氏对战前的宪法体制解释以"大权政治"为中心，增田氏的解释以"大权政治"与"内阁政治"的对抗为中心，久野氏的解释则是以"内阁政治"与"民本政治"的对抗为中心。

在做上述整理工作的时候，我们注意到还有一类先行研究是不可忽视的，那就是坂井雄吉氏《井上毅与明治国家》的第三章。[③]在该文中，坂井氏并没有直接将国务大臣单独或连带责任的问题作为分析的对象，他揭示出，围绕议会预算审议权的范围，《明治宪法》制定者之间存在着根本性的对立，也就是井上毅与伊藤博文（以及罗斯勒）的对立。结合增田有关"大权政治"与"内阁政治"共存的见解，再来解读坂井描写的井上毅与伊藤博文围绕预算审议权的对立，我们不难判断出，在决定内阁位置的问题上，也存在类似于宪法制定过程中井上与伊藤的对立，或者说是"大权

---

① 《明治立宪制与天皇》，第109~111页。
② 《明治立宪制与天皇》，第79页。
③ 坂井雄吉：《井上毅与明治国家》，东京大学出版会，1983，第137~203页。

政治"与"内阁政治"的对立。

由上可知，本章的课题是：一方面沿着增田宪法解释的思路，通过追溯《明治宪法》的制定过程来揭示《宪法义解》本身的两义性；另一方面，在继承发展久野见解的基础之上来探讨"民本政治"对"大权政治"以及"内阁政治"的批判。

第一节　大权政治

众所周知，《明治宪法》颁布以前，萨长藩阀政府一直独占政权。即使是过渡到议会制以后，依然用"超然主义"这一奇妙的提法表明其试图继续独占政权的立场。这意味着，虽然政党在众议院不得不占据多数，但政府必须"超然"于政党之外。这一立场需要政治上的说服力及宪法上的保证。所谓政治上的说服力，是指采取"超然主义"的做法有利于好的政治运营。所谓宪法上的保证，是指提出一种宪法解释，能够尽可能地限制在众议院中占大多数席位的政党的影响力。在议会开设后不久就试图从这两方面将"超然主义"体系化的是内务官僚都筑馨六。

基于对职业官僚的调查，都筑从国家主义的观点出发认为职业官僚可以胜任国家各种事业，并试图从中寻求"超然主义"在政治上的说服力。他认为"十九世纪"代议士的地域代表性和业余性导致的、在"政治问题上最终都倾向于向财政问题集中"的弊害尤其大。他这样论述道：

代议士者，虽其本分常在谋国家全体之利益，然因其人生中各自所受教育及利害不同，故而关乎一国之利害，思想亦各异。最终或以一地方之利益为国家之利益；或原本只于农村有利之事，亦以为于一国有利，而不管城市因之蒙受何种损害；或以商业利益等同为一国利益等，凡此种种，各自之考案五花八门。……不仅如此，所谓代议士者，乃平常以其他业务之余暇从事政事，故除去与自己之业务抑或与自己之利害直接相关

114

之事务，对于其他事项既缺乏专业知识，又无余暇去做专门研究。故自然以自己职业之利害为国家之利害，虽至于此，亦不能奈何之。①

十九世纪末人们对于官僚政党政治家的这种不满与轻蔑，在二十世纪的今天也照样存在。为了进一步具体阐述自己的主张，都筑援引铁道政策的例子论述道：

> 以铁道事业为国家之事业，将其所有权移交国家之时，若欲使其为国家财政带来好结果，必须由政府掌握之。铁道政略之推进亦须遵守一定方针，不可随舆论或与随舆论共进退之议会之意旨发生变更。如铁道布设之事业，起初即应设定观照国家全体之大计划，一日亦不能懈怠，骎骎施行之。实施如此大计划之时，若议会参与其中，或恐忘却事业全体与国家之关系，只关注其与代议士各自选举区之利益或事业之关系。②

这里的铁道政策论虽然是以国营为前提的，但是与政党内阁时期的铁道国营化政策相比，其更接近于最近流行的铁道民营化理论。唯一的差异在于，连"为国家财政带来好结果"也考虑在内的统一铁道政策的承担者，不是只考虑地域利害的代议士，而是有着专业知识，而且不具有地域代表性的国家官僚。

"超然主义者"追求由具有政策立案能力的官僚来进行合理的国家运营，他们试图从《明治宪法》的天皇大权主义那里来寻求其宪法的根据。在都筑看来，天皇不是"虚器"，而是"为政之实权"的所有者，所以，虽然可以依据宪法免除其法律上的责任，但天皇是一个自负"为政活动之责"的存在。他论述道：

---

① 都筑馨六：《超然主义》1892 年 7 月稿。未刊行草稿，国立国会图书馆宪政资料室所藏，第 49～52 页。

② 都筑馨六：《超然主义》1892 年 7 月稿。未刊行草稿，国立国会图书馆宪政资料室所藏，第 25～27 页。

原本王国之政皆当出于君主之意。国王代国家担负其主权，统治其大权，必须以对国家与历史尽责为己任。无论是立宪国还是专制国，所有王国之主权皆总括于君主一身，故而其责任亦集于国王一身，此乃无可规避之所。立宪国之大臣，代国王任其责，不过乃法律上之责任。王国之君主神圣不可侵犯，故当其所为触犯自己颁布的宪法及诸法之时，必须有人代替君主接受法令规定之惩罚。……换言之，立宪国大臣所任之责，不过是证明国王之所为与宪法及法规毫无抵触之处。然而既言为政活动之责在于立宪国之君主，则其亦须对国家历史负责。①

从《明治宪法》的条文来看，都筑在这里所阐述的与第三条和第五十五条的内容相关。稍后我们还会讨论，美浓部达吉等持天皇机关说的宪法学者对第三条与第五十五条的含义做了与都筑正好相反的解释，试图以此来论证政党内阁制在宪法上的正当性。② 另外，都筑的天皇亲政论以天皇的政治责任为前提，这一点与昭和天皇的战争责任问题也有关联。让我们先来看一下《明治宪法》的条文，然后再来探讨都筑解释的特征。

第三条，天皇神圣不可侵犯。

第五十五条，各国务大臣辅弼天皇以任其责。

凡法律敕令及其他关乎国务之诏敕需国务大臣之副署。

都筑认为第三条天皇无答责的条文只是法律上的问题，并没有包含"为政活动之责"。而且第五十五条中规定的国务大臣辅弼天皇一说，也只不过是由国务大臣代替在法律上无答责的天皇来承担

---

① 都筑馨六：《超然主义》，第 3～5 页。

② 增田知子：《明治立宪制与天皇》，《社会科学研究》第 41 卷 4 号，1989 年 12 月，第 77 页。

法律上的责任而已。既然如此，那么"国务大臣之副署"的问题也就只是为了佐证"国王之所为与宪法及法规毫无抵触之处"，当这种证明出了差错的时候，国务大臣就要代替天皇承担法律上的责任。毋庸置疑，都筑对第三条及第五十五条的这种解释，就是为了论证天皇是凌驾于内阁之上的存在，即使是在决定实际政策的时候亦如此。关于这一点，都筑阐述道：

> 国王若每每不得已采用大臣之考案以为自己之考案，则决定施行政务之实权不在国王之手，而在大臣之手，此乃显而易见之事。若果真如此，国王无责且无职，只不过乃国家屋顶上之一虚饰。瞩目王位，只能称其为国家最为需要之公法机关。另又，如此内阁，必依附王位争夺为政之实权。①

这里都筑虽然称天皇为"国家最为需要之公法机关"，但是，无须赘言，其所谓的"公法机关"与其后的天皇机关说完全是异质的东西。

与第二节中我们将要探讨的美浓部等人的内阁中心主义相比较，都筑的理论显然处在其相反的立场。因为都筑认为掌握实权者始终是天皇，而不是内阁。但是，与穗积八束的天皇中心政治论相比，都筑的见解又具有如下几个特点：第一个特征是，都筑频频使用"内阁"一词，而没有言及国务大臣的单独责任制。这是为了强调掌权者天皇的形象，作为一个整体的内阁不在议会的压力之下，天皇可以更改职业官僚在调查立案的基础上制定的政策。关于这一点，都筑做了如下的论述：

> 如调和让予或权谋术数之类的政略，用之于内政之时，不仅损害政治之德义，亦恐妨害国家目的之达成。故政略当尽可能避而不用，以堂堂正正之手段谋其目的之达成，政治之所为

---

① 都筑馨六：《超然主义》，第6~7页。

应比政略更加高尚，为了国家目的之达成，当以必要之事业总体成绩为重，此义务必须明了。……以余辈之所见，基于此旨趣之施政方针即曰超然主义。①

对于都筑而言，这样的"超然主义"内阁，并不特别需要每个国务大臣都直属于天皇去做独立的决定。

第二个特征是，当内阁被政党占领，官僚势力被迫处在防御性立场的时候该采取什么样的对策，这在都筑的超然主义论里是不存在的。在下面即将介绍的穗积八束的"大权政治"论里，宪法第六条到第十六条明文规定天皇大权被视为天皇自身的特权，即在大皇大权之下，国务大臣也不是自由的。② 在这一前提之下，假使政党内阁成立，内阁所能决定的国政范围也是相当有限的。然而，都筑完全没有提及这一点。

实际上，都筑与穗积在这一点上的差异，似乎起源于《明治宪法》制定过程中井上毅与罗斯勒见解的差异。所以，在介绍穗积宪法学之前，让我们先来看一下井上与罗斯勒的对立点。

井上毅认为，将身为元首的天皇的特权逐个写进宪法里反而会缩小天皇的权限。他这样论述道：

宪法在揭示君主大权之时，有甲乙两种见解。甲主张只记君主为国家元首、总揽一切国权一条，关于其他诸般王权（如宣战媾和之权、官吏任命之权等）不应各别记载。乙则主张各别记载君主权之各条，逐条列叙，以判明其与议院及司法权之区别。第一种方法乃以积极之记载法示广泛之意义，其意在说明君主大权于宪法正条限制之外，君主须总揽一切分派之权。第二种方法与之相反，乃以消极记载法示局限之意义，其意在表明，国权属于君主，此乃宪法正条赋予之，其正条无记

① 都筑馨六：《超然主义》，第39～40页。
② 增田知子：《明治立宪制与天皇》，第76页

载者不属于君主之权。……我国宪法既为钦赐宪法中最为纯粹之王命之宪法，则天皇无须以自己所发之王命、自己列叙自己之权。故乙之方法不适合我国宪法之体裁。①

但是，作为宪法起草时主要的外国顾问，罗斯勒与井上毅相反，主张将天皇的诸种特权列记到宪法正文中。在罗斯勒列举的几个理由中，有一点最值得关注，就是为将来政党内阁的成立做准备，有必要将天皇的特权明确写进宪法正文中，即"实际上必须防止将来随着天皇谦退及势力衰减，皇帝之权力渐渐让予议院及党派首领，给国民带来灾害。此即余之所论"②。

体现在宪法正文上的这场论争表面上看是罗斯勒胜了。但是，在以伊藤博文之名刊发的权威注解书中采纳了井上的意见，即从宪法第五条天皇的立法权规定（以《帝国议会之协赞》为条件）到第十六条的大赦等权限，用了十二条将天皇的大权条文化。但是，反过来，在《宪法义解》中明确记述道："原本元首之大权除以宪法正条限制之外无所不及""宪法所示只不过举其大纲，罗列各环节之要领以示标准。故如铸币之权、定度量之权等无须一一详尽列举。省略之即包括之"③。罗斯勒认为，天皇特权的条文化不仅仅是对议会，对将来的政党内阁而言也是一道防波堤，但是，在《宪法义解》里，除了列举作为"元首"的天皇的统治权以外再没有其他意义。

与此相关，笔者还想再举出一点，即《宪法义解》中有关天皇特权条款的说明是以阻止议会介入为目的的，所以，国务大臣的辅弼权反而强化了大臣对天皇的发言力度。比如，关于第十三条的外交大权，《宪法义解》一方面宣传天皇对议会的绝对优势，称"宣告与外国交战、结盟和亲及缔结条约之事皆属至尊之大权，无

---

① 稻田正次：《明治宪法成立史》下卷，有斐阁，1962，第10～11页。
② 《明治宪法成立史》下卷，第13页。1887年4月25日罗斯勒答议。
③ 伊藤博文：《宪法义解》，岩波文库，1940，第43～44页。

须借议会参赞之手"；另一方面对于天皇与大臣的关系，又强调"各国外交之事务亦属责任宰相掌管，君主倚靠其辅弼行之，与其他行政事务一般无二"。① 在行使外交大权的时候，天皇完全没有咨询议会的必要。但是，没有外务大臣的"辅弼"，天皇不能够行使其大权。罗斯勒将天皇特权条文化的意图在于保证政党内阁成立之时，内阁也可以自由行使这些大权。然而，这一部分关键性的内容被《宪法义解》抽掉了。

按照上述文脉来重新审视，可以看出，都筑的见解很大程度上接近于井上毅的主张。其展现的不是实权人物天皇的防卫性姿态，而是一种积极的姿态。前面提及都筑从国家主义的观点出发，举出积极的铁道政策用于说明天皇中心主义的优点。在这一点上，井上毅也是一样的。在第二次议会期间，井上毅是第一次松方内阁的骨干，他曾建言"为应对第二次议会，政府必须一改固守城池策略而专示进为之气象，先发制人"。所谓"进为之气象"，即指政府积极地推进治水事业，采取设立兴业银行、铁道国有化等举措。② 稍后我们会论及，在国务大臣单独责任制这一点上，井上毅的宪法论与穗积八束的论述有很多一致的地方，而在《宪法义解》中，伊藤博文的主张则与美浓部的意见存在一些吻合之处。但是，都筑与井上的天皇论都不是以防止政党内阁的出现为目的的，而是与从国家主义观点出发积极推进事业扩张联系在一起。从这一点上，可以看到都筑与井上之间有着强烈的共通性。

与此相反，穗积八束在日俄战争前后政党政权频频亮相政治舞台的背景下写成的《宪法提要》中，复活了罗斯勒的主张，并从正面对《宪法义解》的天皇大权解释进行了批判。在一九一○年刊行的《宪法提要》中，穗积先引用了《宪法义解》中对天皇大权的说明，然后断言"此论与予所取之解释意趣似有不同"③。对

---

① 伊藤博文：《宪法义解》，岩波文库，1940，第 40 页。
② 坂野润治：《明治宪法体制的确立》，东京大学出版会，1971，第 51 页。
③ 穗积八束：《宪法提要》，有斐阁，1910，第 667 页。

于《宪法义解》的解释，这位东京帝大法学部的教授称："《宪法义解》乃为世人所重。故恐误导世人，兹敢附一言以辨明其意"①。

穗积试图通过区别"大权必需之事项"与"大权可能之事项"来折中罗斯勒与井上毅的对立。因为他"不酌义解之意，采义解之语"。所谓"大权可能之事项"，即"宪法没有特别判属议会或裁判所等权域之事项"，天皇可以依据自己的判断，将其委托给内阁、议会或裁判所的任何一方，或者也可以按照自己的主张行使权力，是"一般概括性"的天皇大权。与此相对，所谓"大权必需之事项"，指的是"宪法特别以明文列叙、宣告以大权行使的事项"，即"必须依大权行使之，不可委付统治机关之权域"②，其具体内容以宪法第十条的官制大权、第十一条的统帅大权、第十二条的编制大权、第十三条的外交大权等为中心。与《宪法义解》不同的是，第五条的立法大权并没有被包括在内。虽说第五条是天皇大权，但是规定了"帝国议会之协赞"是对天皇应尽的义务，所以，借穗积的话来说，是"宪法特别判属议会或裁判所权域"之事项。按照穗积的观点，第五条不能列入"大权必需之事项"是理所当然的，它甚至连"大权可能之事项"都算不上。因为立法必须获得议会的同意，虽说是天皇，也不能随心所欲。当然，天皇拥有认定或否决议会通过的法律草案的权限，但是没有修改的权限。

穗积关于"大权必需之事项"解释的一个最大特点，即他将其视为天皇"不可委付统治机关之权域"之事项。这是拥有统治大权的天皇在制定宪法之时赋予自己的义务，它规定了只要宪法政治不废除，即便是天皇也不能自由地放弃自己的责任。换言之，即穗积主张，宪法第六条到第十六条所规定的天皇大权是既独立于议会也独立于内阁的"君主亲裁专断"之事项。③

官制、统帅、编制、外交等天皇大权属于天皇亲裁事项，不仅

---

① 穗积八束：《宪法提要》，有斐阁，1910，第 669 页。
② 穗积八束：《宪法提要》，有斐阁，1910，第 669 页。
③ 增田知子：《明治立宪制与天皇》，《社会科学研究》第 41 卷 4 号，1989 年 12 月，第 76 页。

议会，就连内阁也没有决定权，穗积八束的这一主张显然是承袭了之前罗斯勒的见解。按照这一见解，假使政党内阁得以成立，政党以及众议院对于国政的影响力也要减半。即使是在政党内阁掌权的情形之下，天皇也可以位于内阁之上，实行其统治。在统帅权方面，天皇可以咨询陆海军参谋本部；在编制方面，可以咨询陆海军大臣；在外交方面，可以听取外务大臣和枢密院的意向。从这个意义上说，在政党政权的出现已然不可避免的情况下，穗积的"大权政治"论对于掌握着军部、枢密院以及官僚阶层的山县系官僚而言，是极为方便的宪法解释。

与此相关，还需要指出的一点是，穗积这次依据井上毅的解释，否定了内阁在宪法上的存在。穗积断言，"内阁"只不过是一个"行政最高之监督府"，原本就不是"宪法上之机关"①。下一节中我们将具体探讨宪法制定者在这一点上存在的对立与分歧，这里只表明一个事实，即关于内阁的地位，穗积的理论与宪法制定时井上毅的主张是完全一致的。穗积断言："宪法要求的（国务大臣）之辅弼责任，移至所谓内阁之合议体，而免去各个独立之重责，此为宪法所不容。"②

穗积的这种内阁否定论，其目的在于阻止政党内阁的成立。他认为政党内阁论者的构想是"视君主为无能，意欲收实权于议院，先将君主权力移交大臣之手，而为防止大臣之专制，再使大臣隶属于议院"③。对此，穗积主张，不能将内阁视为宪法上的一个机构，应拒绝将权力向内阁转移，使内阁不从属于议会。正如下一节中我们即将分析的那样，穗积八束的一系列主张都与美浓部的宪法解释背道而驰。

穗积八束的上述宪法解释，为守住国防、外交、官制三大天皇大权不为政党内阁所夺，提供了极大的方便。国防有陆海军大臣，

① 穗积八束：《宪法提要》，有斐阁，1910，第557页。
② 《宪法提要》，第556～557页。
③ 《宪法提要》，第564～565页。

外交与官制有枢密院，即使是政党内阁掌权，每一位阁僚大臣也都可以单独直接地成为天皇的"商谈对象"。但是，穗积宪法学并没有代表财政、内务、通信、农商务等内政官僚的利益。前面述及，内务官僚都筑之所以强调天皇亲政，是为了守住官僚的政策立案及实行权，而使其不为议会以及与议会形成妥协的内阁所夺。对于站在官僚立场上与议会对决的、团结为一体的"超然内阁"，都筑非但没有否定其存在，反而表达了一种强烈的期盼。然而，穗积为了维护军部与枢密院的利益，甚至否定了"内阁"的存在。此外，穗积为了论证国防、外交、官制是天皇自己的大权，或许是出于均衡考虑，将立法与预算也划到了需要议会同意的、既非"大权必需"亦非"大权可能"的第三范畴。一方面是强有力的"超然内阁"遭到了否定，另一方面是议会的立法权和预算审议权得到了承认，如果是这样的话，那么，对于那些积极推进天皇大权事项中没有列叙的诸种内政事业的官僚们而言，他们将什么都得不到。显然，所谓的天皇亲政论，只是代表了军部与枢密院的利益，而没有顾及内政官僚们的利益。当内政官僚们明白了这一事实以后，便开始寻求与政党妥协的出路。从穗积八束出版《宪法提要》的一九一〇年左右开始，财政、内务、通信、农商务等省的高级官僚们陆续离开山县有朋，转而拥戴在山县之下作为政治家而崭露头角的桂太郎，开始酝酿政党的组建。这就是一九一三年结成的"立宪同志会"。大约在同一时期美浓部发表了他的《宪法讲话》。《宪法讲话》所阐述的以内阁为中心的政党内阁论之所以在权力的世界里成为一种强有力的宪法解释，上述形势大概也是缘由之一吧。

第二节　内阁政治

提到美浓部达吉就会想到天皇机关说，他与吉野作造并列，是大正民主主义的核心理论家。美浓部在一九三二年十月发表了这样一篇论文。

立宪政治通常也被称为议会政治。表面上看，议会似乎是一股核心势力，但实际上在决定一国政策的时候，议会本身并无太大的权力。无论是外交还是内政，以及财政、军备等，拥有决策实权的不是议会而是内阁。这在各个国家都是普遍存在的一种现象。从宪法来看，议会拥有的主要权能是立法和预算，但是立法中 90% 以上的情形是，内阁提出的政府草案可以不经过太多的修改，几乎是原封不动地在议会上通过，而议会即使是提出了法律草案，能够在两院通过并得到落实的情况也非常罕见。预算也一样，编制预算案理所当然是内阁的职务，一般情况下几乎不用削减一钱一厘就能在议会上通过。靠议会来指导决定一国的财政以及经济政策的方针，可以说是完全不可想象的。……在立宪政治体制中，如果要问什么是真正的政治中心势力，只能回答，不是议会，而是内阁。……缘此，将来立宪政治该如何运营才算恰当，这一问题主要还是归结为内阁制度该如何运营。①

美浓部在写这篇论文的时候，正值政党内阁在"五·一五事件"中崩溃，而在由两大政党支持的举国一致的内阁中，"自由主义者"们正在想方设法抑制军部势力的抬头。所以，把这篇论文当作美浓部对政党政治看法的代表加以引用，对于美浓部来说的确有失公平。但是，在二十年前刊行的《宪法讲话》中，美浓部对政党内阁制的拥护的依据也是《明治宪法》第五十五条规定的内阁的天皇辅弼权。正如我们在第一节中所分析的那样，从罗斯勒到穗积八束，天皇中心主义者最警戒的就是内阁中心主义的宪法解释会为议院内阁制打开通路。正像天皇中心主义者们所担忧的那样，美浓部按照内阁中心主义而不是议会中心主义对《明治宪法》做了诠释，试图以此来谋求政党内阁制的正当化。而且，美浓部以内阁论为中心构建起来的政党政治理论，对于本应该成为政党内阁基

---

① 美浓部达吉：《议会制度的探讨》，日本评论社，1934，第 19～20 页。

础的议会和国民相当冷淡。

美浓部在第一次世界大战结束的时候，对于引进普选制依然表示为时尚早。从这一点来看，他的立宪政治论，与在第一次世界大战爆发以前就明确主张实行（基于普选制的）两大政党制的吉野作造有着很大的不同。在一九一九年二月发表在《太阳》杂志上的论文中，美浓部做了如下的论述。

> 普通选举在世界上如此广泛地普及，并非因为其理论上的正当性，也不是因为其为实际上最善之制度。……主张每个人都拥有天赋的平等权利，也是极其违反人类天赋性质的。人之天性、人之能力见识是极不平等的，为何独其权利必须是平等的，有这样的理由吗？……实际上，社会上人与人之间极其不平等，而普通选举无视这一事实，试图给每一个人平等的选举权，所以，其结果就变成了（少数人）对多数人的支配，只有有能力煽动笼络多数民众的人，才能够在选举中胜出。……不管普通选举在世界上如何地普及，都不能说它在任何国家、任何社会都是一种恰当的制度，这是自不待言的。……大致的标准，我认为满二十五岁以上的男子，接受完普通小学程度的教育，独立经营生计且在其所在的选举区定居六个月以上，给予这些人选举权是比较妥当的。[①]

在一九一二年二月的时候，不用说宪政会，即使是犬养毅的国民党都还没有提出无条件的男子普选，所以，在小学毕业、生计独立等资格限制方面，美浓部并不是特别地保守。问题就在于他的"无条件男子普选尚早论"。这里没有社会、经济的平等，就连政治的平等也完全不存在。如果是一个重视"平等"价值的人，他大概会认为，正因为"社会上人与人之间极其不平等"，所以才主

---

① 美浓部达吉：《时事宪法问题批判》，法制时报社，1921，第340～344页。

张首先实现政治上的平等，进而去谋求改变社会的不平等。而美浓部正好相反，人类天性、能力见识的不平等被他当成了肯定政治不平等的论据。在美浓部的观念中，只要教育上、才能上而不是经济上的不平等得到了肯定，辩护就可以成立。但是，如果美浓部的这一观点可以成立，我们在第一节中曾经论及的都筑馨六的官僚至上主义也必须得到肯定。天皇大权论者都筑在大约三十年前曾这样批判自由民权论：

> 民权论者之主张，乃欲使多数之人民尽可能普遍参与政权之施行。然而，形成此说基础之思想，即以为人不问其贤愚，不看其贫富，不虑其教育之有无，所有众人皆为同等之动物。……多数人之政治每每以多数之凡人压制少数之智者，以多数之贫者压制少数之富者。靠多数人施政之国家每每流于压制，此乃必然之结果。[1]

抛开是否重视财富这一点，可以看出都筑的民权批判与美浓部的普选批判几乎出于同样的逻辑。况且，都筑一直强调政治的运营要以对职业官僚的调查立案为基础，对于贫富问题，他究竟在多大程度上真正予以重视，还是一个疑问，所以，他们之间的差异愈发变得小了。美浓部的观点，与不仅追求政治平等也强烈要求改变社会经济不平等、不仅肯定男子普选也肯定女子参政权的吉野作造相去甚远。在以"平等"为主轴思考问题的时候，可以说美浓部的想法更接近都筑而不是吉野。

但是，一旦涉及要"大权政治"还是要"内阁政治"的问题，都筑、穗积与美浓部的对立程度瞬间就会加大。美浓部否定国务大臣的单独辅弼，重视作为"合议机关"的内阁，在此基础上强调第五十五条中国务大臣的"辅弼"权以及"副署"权。将二者合起来，即意味着决定国防、内政、外交等重要问题的不是天皇而

---

[1] 坂野润治：《明治宪法体制的成立》，东京大学出版会，1971，第34页。

是内阁。在一九一二年刊行的《宪法讲话》中，美浓部就前者做了如下的论述。

> 内阁是所有国务大臣相聚一处、讨论国政的合议机关。法律、敕令、条约、主要的官吏任免以及其他有关国务的主要事项，都须经内阁审议，然后由总理大臣奏请陛下，请求陛下批准。……内阁官制第五条写着"以下各件须经阁议"，列举了法律案及预算决算案以下七条事项，最后还规定"有关其他各省主任之事务，凡关系高等行政、事体稍重者，皆须经阁议"。……有人以为国务各大臣乃各自独立辅弼天皇，未必需要与其他大臣商议，也未必需要经由总理大臣，这是大错特错。……外交之事、军备之事、财政之事、教育之事以及一般内治之事，凡重大事件绝不是其主管大臣可以单独决定的，必须经全体内阁审议方能决定。[①]

关于后者的"副署"权，美浓部论述道："天皇国务上的行为，常常要求国务大臣的辅弼，法律、敕令、条约以及其他所有国务上的诏敕，必须有国务大臣的副署。……天皇国务上的行为，如果没有国务大臣的辅弼，则不具备国务行为的效力，即没有国务大臣的同意，天皇不能有国务行为"[②]。

实际上，在国务大臣单独责任论的强硬主张者井上毅起草的《宪法义解》中，有一些表述为美浓部的这种论点提供了解释的可能。《宪法义解》中写道："至于各省大臣，就其专任之事务各负其责，无连带责任。"[③] 美浓部将其表述成"不经过阁议直接上奏天皇请求圣裁的，只属于某一省主要管辖范围之内且只限于不会影响其他政务的轻微事项"[④]。另外，《宪法义解》中有"若至国家内

---

① 美浓部达吉：《宪法讲话》，有斐阁，1912，第 130~132 页。
② 《宪法讲话》，第 133~135 页。
③ 伊藤博文：《宪法义解》，岩波文库，1940，第 88 页。
④ 美浓部达吉：《宪法讲话》，第 132 页。

外大事，关系政府全局，非各部专任之所，谋猷筹划必靠大臣协同，不得相互推诿。此时所有大臣必当取全体负责之立场，此乃其固有之本分"①。对此，美浓部的表述是"关涉国家政务，重要之事，皆须经过阁议……所以，无论外交之事、军备之事、财政之事、教育之事以及一般内治之事，凡重大事件绝不是其主管大臣可以单独决定的，必须经由全体内阁审议方能决定"②。仅从语句表述来看，美浓部的这些改写绝对没有什么不妥。何况美浓部在重新表述的过程中，已经先将穗积认定为天皇亲裁事项的第十二条的编制大权和第十三条的外交大权包含在"经全体内阁审议方能决定"的事项里了。

关于第五十五条第二项的"副署"问题，甚至都不需要重新表述。因为强调国务大臣单独责任制的井上毅自己就明确写道："法律敕令及其他关系国事之诏敕，须有大臣之副署方可得实施之力。无大臣副署之诏命故而无效。对外宣旨亦然，须所司之官吏奉行之。"不过，井上接下来还写道："大臣之副署乃表示大臣担当之权与责任之义"③。但是，美浓部忽略了后边的这一表述。因为，如果强调这一点，也就意味着国务大臣单独责任制成了重视副署的前提。相应地，美浓部把《宪法义解》中"其他关系国事之诏敕，须有大臣之副署方可得实施之力"的表述擅自改写成了"条约及其他所有国务上之诏敕"。因为"条约"已经成为内阁决定事项，所以副署也变成了代表内阁的总理大臣与外务大臣的连署。重要事项必须先由阁议决定，然后再由总理大臣副署，所以天皇不能无视内阁的意向。

井上毅最厌恶英国的内阁连带责任制。那么，在他起草的《宪法义解》中，为什么会有类似允许美浓部式的解释成立的"全体责任"等表述呢？在枢密院接受宪法审议的时候，井上明确地

---

① 伊藤博文：《宪法义解》，第88页。
② 美浓部达吉：《宪法讲话》第132页。
③ 伊藤博文：《宪法义解》，第88页。

第三章　《明治宪法》体制的三种解释

阐述道：

> 英国视内阁为一团体，恰与个人之资格相同，非各个分任
> 负责而是全体负责。……我宪法不取英制。遵照我国历史惯例
> 与方便之原则，取宪法全体之主义，天皇之主权不让议院，不
> 与内阁，由天皇亲自统理之。……天皇亲自选任各大臣，各大
> 臣分别对天皇尽忠职守。各大臣分派之中心在天皇。①

这是井上对宪法第五十五条的说明。仅从这一说明来看，井上
的见解可以成为前述穗积解释的依据，但不应该成为美浓部解释的
依据。的确，井上也并非完全没有言及“各大臣协同联合”的情
形。关于这一点，井上的论述如下：

> 原本于国家大事，由各大臣协同联合应对，亦当有各大臣
> 协同联合负其责，此事毋庸赘言。在德意志，须各大臣协同联
> 合承担责任之情形皆一一列举于章法之中，如发布戒严令之时
> 等。然于我则无一一列举此种情形之必要。②

正如这里所揭示的，井上毅所考虑的需要“各大臣协同联
合负其责”的情形，指的是诸如“发布戒严令”这样的国家非常
时期。在别的说明中，井上毅用几乎与《宪法义解》一模一样的
文辞记述道：“至于国家大事及行政上临机例外之处理，关系政府
之全局，非各部专任之所。……此时所有大臣必当取全体负责之立
场，此乃其固有之本分。”③ 文章本身与《宪法义解》几乎完全一
样，但是关键的地方有出入。从“国家大事及行政上临机例外之
处理”的表述我们可以联想到类似战争、内乱、大地震一样的非

---

① 稻田正次：《明治宪法成立史》下卷，有斐阁，1962，第707页。
② 《明治宪法成立史》下卷，第707页。
③ 《明治宪法成立史》下卷，第706页。

常事态，即《宪法义解》中所谓"国家内外之大事"，按照井上毅的解释，即指上述的非常事态。

但是，是否这样就可以说美浓部的宪法解释与《宪法义解》仅仅是在文章表述方面相似，而美浓部解释的根据就像他自己表述的那样仅仅是内阁官制呢？事实未必如此。如果所有的宪法起草者都与井上毅的意见相同，那么也就无法明白为什么在《宪法义解》发行的同一年修订的内阁官制中会有法律案、预算案、外国条约以及重要的国际条约、官制等须经阁议审定的规定。实际上，在以伊藤博文为中心的宪法起草者于一八八七年八月和十月拟定的草案中，诸如"行政权由帝国内阁统一"、"内阁乃天皇亲临决裁万机之所，由负责政务之各大臣组成之"、"各大臣对天皇或全体或各自负其责"（八月份的草案）①、"内阁乃天皇御临亲裁万机之所"、"内阁诸大臣对天皇或全体或各自负其责"（十月份的草案）等将天皇与内阁视为一体，明确记述了"全体"责任的条款是包含在内的。但是由于井上毅对此执拗地予以了反对，所以在一八八八年二月枢密院审议前夕拟定的草案才与后来的《明治宪法》内容几乎如出一辙。换言之，伊藤博文（大概罗斯勒亦如此）与井上毅不同，他希望在宪法中讴歌天皇与内阁的一体性和内阁的全体责任。事实上，在枢密院审议的时候，伊藤对于鸟尾小弥太的提问所做的答复与井上毅相当不同。鸟尾的提问是这样的：

> 从（草案）明文来看，各大臣对各自所任之事负其责。然各大臣分任之处有一定之根本，超出此范围者有之。……譬如，外交之事可连及兵事，随之影响财政。是故，各省其初虽大致确定事务之政治目的，然总有超出其目的之事。由是观之，国务大臣者，出为各省之长，各有其分任。入而列于内阁，定大致方略。此时，为内阁大臣者必得团结一致。然以明文观之，各大臣似有各自之职守且视之为本分，却无内阁一致联结之作

---

① 稻田正次：《明治宪法成立史》下卷，有斐阁，1962，第203页。

用。……若国务大臣之责限于各自所分担事务，则多数事务之责任最终不得不由天皇承担。①

这里，鸟尾的逻辑与前面介绍过的美浓部的论述基本相同，也是主张内阁应以总理大臣为首成为一体，代替天皇担负国政的责任。值得注意的是，面对鸟尾的这番质问，伊藤博文的回答完全像是在肯定鸟尾的意见。他说："应当实行责任连带之事与应当各负其责之事有别。一国之政略庙议，当负连带之责。行政之事务，为各省责任所在。……且纯粹之连带责任，非政党内阁不能施行之，关系到议会政府。我国无望施行之。"② 井上毅所谓的仅限于国家非常事态的"全体责任"，在伊藤博文这里被明确表述为"一国之政略庙议"是内阁的"连带责任"。前面提到的在一八八七年八月和十月的伊藤草案中记有"内阁诸大臣对天皇或全体或各自负其责"等内容，不是偶然的。

如上所述，在起草宪法的核心人物之间，不仅仅是围绕天皇大权列叙的问题，在解释至为关键的国务大臣天皇辅弼问题上也存在根本差异。对于试图论证政党内阁在宪法上的正当性的美浓部而言，需要的仅仅是：一方面利用伊藤"一国之政略庙议，当负连带之责"的主张，另一方面克服伊藤所谓"纯粹之连带责任，非政党内阁不能施行之……我国无望施行之"。众所周知，美浓部试图通过下面的逻辑来解决这一课题。

如上所述，国务各大臣共同组织内阁，共同任其责，故内阁自然要尽可能由持相同政见之各大臣组织而成。……全体内阁大臣意见不一，阁议不能成立，如此，则全体内阁成员必须拥有同一政见者，此乃理所当然之结果。……全体内阁成员拥有同一政见，这在政党势力发达之国家，终归属于同一政党。

---

① 稻田正次：《明治宪法成立史》下卷，有斐阁，1962，第708页。
② 《明治宪法成立史》下卷，第709页。

而政党势力强大之国家，议会势力亦随之强大，政府得不到议会之后援即无法施行国政，故内阁由议会中占据多数之政党组织而成，此乃自然之结果，无可规避之势。[1]

由上可知，如果说穗积宪法学将罗斯勒的天皇大权列记主义与井上毅的国务大臣单独责任制结合起来，不仅否定议会主义，甚至也否定"内阁政治"中的"大权政治"的话，那么，美浓部的宪法学则是试图将伊藤博文的"内阁政治"再向前推进一步，以证明政党内阁在宪法上的正当性。这里的问题是，美浓部的宪法解释有一半依凭的是伊藤博文的"内阁政治"论，这是他政党内阁论的一个特征。前面业已谈到，美浓部更为重视的是内阁而不是议会，对政党内阁的崩溃他没有流露出太大的失望。还有，他从平等论的观点出发，对普通选举制持否定态度。另外，在围绕民政党内阁《伦敦海军裁军条约》的签署时出现的侵犯统帅权的问题上，美浓部对海军军令部及枢密院给予了批判，对于内阁的裁军条约签署权给予了光明正大的拥护，这是非常有名的事实。其间美浓部对陆海军大臣武官制也进行了批判，提倡由政党内阁来实现国政的统一，这也是众人皆知的事情。[2] 美浓部首先期待的是由内阁来统一行政，其次才寻求政党内阁制，为的是让内阁掌握立法权。这样看的话，所有的这些事情都不存在任何矛盾，可以作为一个整体来理解。在本节开头引用的内阁中心主义论中，美浓部将"立法中90%以上的情形是，内阁提出的政府草案可以不经过太多的修改，几乎是原封不动地在议会上通过"作为其论据之一，但是美浓部也一定清楚，这是通过实行政党内阁制才出现的现象。因为在藩阀内阁与民党对立的一八九〇年代，政府提出的法案和预算案根本就不会原封不动地通过。由此我们可以断定，美浓部是从追求最为稳

① 美浓部达吉：《宪法讲话》，第149～150页。
② 增田知子：《政党内阁与枢密院》，近代日本研究会编《年报·近代日本研究6·政党内阁的成立与崩溃》，山川出版社，1984。

定的"内阁政治"的观点出发来支持政党内阁的，所以即使是在政党内阁崩溃以后，他也依然在维护"内阁政治"，试图维持国政的统一和政治的安定。[1]

第三节 民本政治

正如第二节中所揭示的那样，对于美浓部而言，"在立宪政治体制中，真正成为政治中心势力的不是议会，而是内阁"。但是，对于那些试图进一步推进政治民主化，在国家政治中反映工人、佃户利益的人们来说，内阁是一种手段，代表国民意愿的是议会。正如久野收氏所推测的那样，从这一观点出发对美浓部宪法学展开批判的是明治末年的北一辉和大正初年的吉野作造。

在日俄战争结束后的一九〇六年，年仅二十三岁的青年北一辉自费出版了《国体论及纯正社会主义》。这本书将穗积八束的"国体论"批判得体无完肤，由此而广为人知。但是，在这部有名的著作中，北一辉积极提示的，是在完全不触动《明治宪法》体制的前提下在日本实现社会主义。北一辉极力阐述，在天皇与国民共享国家主权的《明治宪法》体制之下，社会平等与经济平等的实现不需要体制的变革，只要实行男子普选就可以使其成为可能。他认为经过明治维新和自由民权运动建立起来的《明治宪法》体制本身已经是一种"君民共治"的"民主主义"体制，即"维新革命之奏功只是破坏了贵族主义，而民主主义之建设性本色即在'万机决于公论'之宣言、西南佐贺之叛乱，以及经过宪法要求之大运动而得来的明治二十三年的《大日本帝国宪法》"。[2] 也就是说，明治维新破坏了封建所有制，自由民权运动推进了民主主义建设，其结果是确立了具有民主主义性质的《明治宪法》体制。对于北一辉的这番论述，今天的研究者们大概是不会赞同的。其实北

---

[1] 关于政党内阁崩溃以后美浓部的"内阁政治"，请参照本书第四章。

[2] 《北一辉著作集》第一卷，三铃书房，1959，第354~355页。

一辉自己也完全没有想过《明治宪法》具有民主主义的性质。他甚至断言《明治宪法》是"在翻译德意志式的专制的基础上又加了一层专制"①。他想要表达的是，应该从历史发展的脉络中来理解《明治宪法》的精神，同时，对于《明治宪法》中存在的专制性条文与民主性条文之间的矛盾，他认为应该"对照宪法精神"来解决。②

北一辉所说的宪法条文中的最大矛盾，存在于第四条、第五条与第七十三条之间。在第四条中天皇被赋予了"国家元首总揽统治权"，在第五条中关于天皇的立法权却必须有"帝国议会之协赞"，在第七十三条中关于宪法修改也需要贵族院和众议院的同意，北一辉对这其中的矛盾予以了驳斥。他尤为重视第七十三条，即"所谓'最高机关'即拥有最高权限之机关，即拥有宪法修改权限之机关。在日本，具有宪法修改动议权之天皇、占出席议会者三分之二之议员及获得三分之二之多数协赞之议会，三个要素齐备才能完成最高立法，成为宪法修改之最高机关。故，若对能表达国家意思者以主权者、统治者相称，则天皇非立（主）权者，议会亦非统治者，同时满足上述诸要素之机关才应该是主权者、统治者。果若如此，则今日流传甚广之所谓立宪君主政体者，即以平等之多数和一人之特权者为统治者的民主政体。"③

由上可知，北一辉从自由民权运动的左派植木枝盛、中江兆民那里继承了"君民共治"的民主主义主张，并试图按照这样的精神去解释《明治宪法》。众所周知，北一辉的解释很多时候依据的是美浓部达吉的天皇机关说，但是，在将国家最高机关归结为天皇一人这一点上，北一辉否定了美浓部的宪法学。"尤其像卓越的国家机关论者法学博士美浓部达吉氏……以为以立宪国之君主一人即可组织成最高机关"④，对于美浓部宪法学的矛盾，北一辉予以了

---

① 《北一辉著作集》第一卷，第355页。
② 《北一辉著作集》第一卷，第235页。
③ 《北一辉著作集》第一卷，第232页。
④ 《北一辉著作集》第一卷，第232～233页。

批判。

　　将《明治宪法》体制解释成"以平等之多数和一人之特权者为统治者的民主政体"，这对于北一辉的"社会民主主义"论而言是一个不可或缺的前提。他的社会民主主义只需要在《明治宪法》体制之下实行男子普选，将工人、农民的声音反映到众议院就可以实现，所以，议会无论如何必须是与天皇平等的主权者。北的社会民主主义虽然在表述上言辞激昂，但在政治上与下面即将探讨的吉野造作的民本主义相同，是一种不需要"革命"、仅靠普通选举制的实行就能够实现的理论，即"欲实现维新革命之理想即经济维新革命，只须给予普通选举权足矣。以前国家非主权体，其革命常负叛逆者之名，以血与铁周旋。国家内容之革命，在国家主权名义之下通过投票展开。……'投票'乃经济维新革命之子弹，普通选举权之获得乃弹药库之占领"①。我们不能为"国家内容之革命""子弹""弹药库之占领"等辞藻所迷惑。这里，北一辉论说的是，只要男子普选法成立，那么，无须进行革命变革，明治维新本来目的的"经济维新革命"就可以实现。而且他所谓的"经济维新革命"指的是，从"政治维新革命"成果的篡夺者"资本家和地主"手中夺取经济特权，给予工人和佃农"经济上的平等"。②

　　将二十世纪初德国的社会民主党视为模范的北一辉认为，劳动条件的改善以及社会保障的强化等社会政策与社会主义无缘。关于这一点，他与民本主义者吉野造作不同。但是，在通过实行普通选举制扩大议会的基础、再通过扩大了的议会实现社会主义政治这一点上，毋宁说两者的旨趣是一致的。吉野在一九一六年一月撰写的那篇从正面论述"民本主义"的著名论文里写道：

　　　　原本社会主义与资本家抗争的根本动机，是基于将社会福利分配惠及一般民众之精神。在这一点上，社会主义与民本主

① 《北一辉著作集》第一卷，第389页。
② 《北一辉著作集》第一卷，第394～395页。

义并非没有相通之处。只是因为社会主义欲对现代社会组织进行革命性的变革，故而在许多国家都存在将其视为危险之物的倾向，如同民主主义在君主国被视为危险之物一样。然而，由于经济上会产生优者劣者之阶级，为此，经济利益终归由一部分阶级垄断，此种倾向亦违背了民本主义之旨趣。故而，对于近来之政治，先不探究是否应该对社会组织进行根本性改造这一基本问题，而是有必要对当前此等经济特权阶级采取一定的措施。此即所谓各种社会性立法措施。在这个意义上，民本主义亦与经济特权阶级相争，此乃近代各国共有之现象。[①]

北一辉与吉野的社会主义论的差异，相当于考茨基主义与伯恩斯坦主义之间的差异。

但是，在对待《明治宪法》的态度上，吉野与北一辉不同，他没有采取改宪解释的立场。如果说北一辉是通过独自的改宪解释来批判美浓部对议会的轻视的话，那么，吉野则是对美浓部的改宪解释本身进行了批判。

尽管美浓部做了前述内阁至上主义的宪法解释，但是当《明治宪法》表述严密，没有漏洞可寻的时候，美浓部的改宪解释就会陷入作茧自缚的境地。在第十一条统帅权的独立与第五十六条枢密院对内阁权限的约束问题上即如此。

有关兵力决定的天皇大权，譬如像是否缔结裁军协定这样的决定，属于第十二条的编制大权，可以解释为其决定权不在军部而在内阁。但是，因为有关陆海军作战、用兵等事项，有第十一条"天皇统帅陆海军"的规定，伊藤博文的《宪法义解》中也有"今上设帷幕本部，亲自统辖陆海军。……本条表示，兵马之统一乃至尊之大权，专属帷幄之大令"[②] 的表述，所以改宪解释对此束手无策。所谓"帷幕本部"，毋庸置疑指的是参谋本部和海军军令部，

---

① 吉野作造：《民本主义论》，新纪元社，1947，第53～54页。
② 伊藤博文：《宪法义解》，岩波文库，1940，第39页。

136

在"亲自统辖陆海军"的天皇与"帷幕本部"之间，内阁是没有介入余地的。

但是，正如松本三之介所揭示的那样，吉野通过区别"法律论"和"政治论"，试图将第十一条的统帅大权也置于议会以及国民的监督之下。[1] 在一九二一年三月发表的《从二元政府到二元日本》一文中，吉野对此做了如下的论述。

> 国策之执行由陛下统揽之，其中政务须咨询内阁而行之，防务乃大权独立之行动，须亲裁之，此宪法论说似乎颇有道理。然仔细想来，此种理论是将国权发动之实际中心点放在了政府以及国防会议这样纯粹的军人咨询机关上，再没有什么比这更能破坏国家统一的了。……政府属文官系统，以其力很难动摇军阀系统。……再进一步思考，政府至少在理论上处于议会的监督之下，议会亦在理论上受民间舆论的掣肘，故通过政府而为的国权之发动至少在理论上可与民间舆论相协调。故现在之政府虽常常与军阀勾结，若政府是国权发动的唯一中心，其作为一种制度倒首先可以使人放心。[2]

在这段引用的史料里，有两点很重要：第一，吉野在这里批判的"似乎颇有道理"的宪法论，与美浓部达吉《宪法讲话》的内容是相同的。在一九二二年二月发表的《帷幄上奏论》中，吉野从正面对美浓部的《宪法讲话》给予了公开批判。

> 参谋本部与海军军令部在制度上显然与国务大臣的辅弼责任相冲突。毋庸置疑，这有悖于立宪的本义。但是，能否说其违反宪法，还需要与其他观点联系起来考虑。……我国宪法学的权威美浓部博士的名著《宪法讲话》中对此是这样解释的：

---

[1] 松本三之介：《近代日本的政治与人》，创文社，1966，第152页。
[2] 《吉野作造选集》第三卷，岩波书店，1995，第328~329页。

"……一般国防皆由国务大臣辅弼并负其责，独军令权即军队统帅之作用在国务大臣辅弼之外。天皇乃军队之大元帅，由其亲裁之，国务大臣不负其责。"……这样的宪法论只有在我国才会相当流行，所以对于此种问题我等平素并不愿意以宪法论的形态对待之。……冷静地想一想，国防用兵之事由国务大臣负其责乃理所当然，因统帅之事就将其从普通政务中分离出去，毫无疑问，这明显是对国权统一运营的妨碍。战时例外，平时所有的国权发动必须源自同一机关。①

正如这里所揭示的，对美浓部宪法学中无法给予完全否定的"统帅权独立"，吉野从政治论的立场进行了彻底的否定。

关于"法律论"与"政治论"的区别，正如松本三之介所说，是合宪还是立宪的区别。这一点正是前面引用史料中第二个值得关注的地方。吉野强调"国权发动"一元化的根据在于，"国权之发动"必须通过处于舆论监督之下的议会，也就是说通过受到双重监督的政府来执行。批判吉野在法律上承认天皇主权的人，恐怕应该重新考虑这一点。

吉野在重视普通选举制的同时，也对两大政党制给予了格外的重视。关于这方面的内容，笔者另有详述。② 如果以此为前提来审视吉野理论的话，那么，吉野所论述的是：通过政权交替恒常反映国民意愿及议会意向的内阁，掌握所有天皇大权，这在政治上是可能的。吉野的政治论超越了美浓部宪法论的界限，另外，他又以议会＝国民中心主义的理论与美浓部的内阁中心主义形成了对峙。

以上对穗积的"大权政治"、美浓部的"内阁政治"、北一辉及吉野的"民本政治"进行了探讨。至于这三种宪法体制论对于政党政治的全盛期和衰退期的现实政治究竟产生了怎样的影响，这是接下来我们即将要探讨的课题之一。

---

① 吉野作造：《日本政治的民主化改革》，新纪元社，1947，第14～19页。
② 参见《吉野作造选集》第三卷解说。

　　另外，之所以将以考茨基、贝贝尔等德国社民党为榜样的北一辉的社会主义论，放在"民本政治"的框架之下来论述，是因为笔者的着眼点不是政策论，而是政治体制论。笔者试图证明将《明治宪法》体制解释成"以平等之多数和一人之特权者为统治者的民主政体"的北一辉的政治体制论，与在法律上承认天皇主权而在政治上试图实现民主主义的吉野的民本主义有很多相似之处。

第四章　政党政治的形成与崩溃

前　言

　　本章拟对从一九二四年六月护宪三派内阁的成立，到一九三六年冈田内阁因"二·二六事件"走向崩溃这十二年的政治史进行分析探讨。同前面几章一样，本章的分析依然以政治体制构想的对立为中心。本章将分两节来论述。第一节从护宪三派内阁的成立开始分析，到"五·一五事件"发生、政党内阁时代落下帷幕为止。第二节的分析从"五·一五事件"以后开始至"二·二六事件"发生、政党政治复活的希望最终破灭为止。本文的阶段区分沿袭了历来的做法，但是下面几点，是本文所采取的接近问题的方式与先行研究有着较大区别之处。

　　第一，通过关注合法无产政党对民政党所寄予的期待，进一步强调松尾尊兊氏在《政友会与民政党》[①] 中曾经描述过的政友会与民政党的性格差异。在本章中，笔者将宪政会＝民政党作为追求二十世纪初英国新自由主义的政治体制的政党加以描述，尽管其在现实政治的层面上因无法抵抗来自财界的压力而放弃了有利于工人、农民的社会政策。至于政友会内阁，因其主张皇室中心主义，无视社会政策，笔者将其作为与民政党具有本质性差异的保守政党进行描述。其中，笔者特别强调了其在"满洲事变"[②] 之后与陆军革新派

---

　　①　松尾尊兊：《政友会与民政党》，《岩波讲座日本历史》第十九卷，岩波书店，1976。
　　②　"满洲事变"即"九·一八事变"。

的接近，以及在"国体明征运动"中与陆军皇道派的接近。

　　笔者也十分清楚，如果与日常的现实政治联系起来考察，或许在这两大政党之间很难找出本章所强调的这种差异，但是，笔者现在更为关心的是以宏观的视角审视政治时所能看到的各种势力间的不同点，而不是以微观的视角观察政治时所能看见的诸种势力间的相同点。

　　第一节中对政友会的负面评价和对民政党的正面评价，也会贯穿到第二节中举国一致内阁时代冈田内阁的评价。依据以往的观点来看，政党内阁比起举国一致内阁来说是一种更具有自由主义性质的政治体制，这是一个理所当然的前提。若以这一前提来审视，那么，拒绝进入冈田内阁而一直倡导"宪政常道"的政友会，比起成为冈田内阁准执政党的民政党，应该说是一个更具有自由主义性质的政党。然而，另一个事实是，政友会为了推翻冈田内阁，将美浓部达吉的天皇机关说视为违反日本国体的学说予以了抨击。如果政友会提倡的"宪政常道"与"国体明征"是捆绑在一起的话，那么，对受到其攻击的，作为新官僚、民政党以及社会大众党的联合的冈田内阁的评价也必须有所改变。从冈田内阁设立的内阁审议会中，寻找滨口内阁时代曾经出现过的民政党与右派社民党接近的残渣，是本章的第二个问题接近方式。

　　本章对于冈田内阁的这种评价，处在对"民政党时代"政党内阁时代评价的延长线上。但是，在冈田内阁之下出现的陆军统制派与新官僚、社会大众党的接近，也可以视为近卫新体制的前史。从这一观点出发重新审视冈田内阁时代，进而对本章所做的评价进行探讨，是笔者今后的课题。

第一节　民本主义的时代——政党内阁时代的体制构想

一　改进党复归权力与民本主义的体制化

　　从一九二四年五月护宪三派在大选中获胜，到一九三一年十二月第二次若槻内阁集体辞职，如果用一句话来概括这七年半的政治史特征，可谓是（宪政会）民政党的时代。如果对明治十年以来政治史发展的脉络重新表述，那么这七年半也可称为"改进党的时代"。福泽在一八七九年《民情一新》中提倡的、大隈参议在两年后的"明治十四年政变"中又再次提议的英国式政权交替的议院内阁制，在历经四十五个年头之后，终于实现了。

如果将这幅历史的构图再缩小一点，那么，所谓的（宪政会）民政党时代其实也就是吉野作造的民本主义的时代。的确，在民主化运动的进程中，吉野的影响力在一九二〇年代前半期有所下降。曾经在一九一〇年代对吉野的民本主义产生过共鸣的青年们，在俄国十月革命以后，抛弃了民本主义，而追随了列宁主义。将吉野的民本主义向前推进了一步、提出民主社会主义构想的行政学者蜡山政道在一九二五年一月记述了自己对这种倾向的感慨。

> 民主主义的主张曾由吉野博士及其他先进人士大力提倡，一度风靡论坛，如今我们对此依然记忆犹新。……后来人们在社会主义理论中发现了感兴趣的东西，民主主义理论遂成了过期之物，人们待之只不过如同发现了躺在旧书铺的一隅、被灰尘覆盖着的旧书，抑或如只逛不买的客人漫不经心地从夜店的货台上拿下来赏玩的东西。[①]

但是，当吉野遭到民主运动抛弃的时候，体制却试图吸收吉野的构想。由改进党发展起来的（宪政会）民政党表现出了向福泽时代的英国自由党和吉野时代的英国自由党同时靠拢的迹象。同时，工会运动及无产阶级政党运动中也出现了一股明确否定苏联模式的社会主义而对民政党的"民本主义"充满期待的势力。这就是由松冈驹吉、西尾末广指导的分裂后的日本劳动总

[①] 蜡山政道：《日本政治动向论》，高阳社，1933，第86页。

同盟。

一九二四年六月，在以宪政会为最大执政党的护宪三派内阁成立的时候，人们最初所期待的是"改进党的复权"。在该内阁成立的前夕，吉野作造这样论述道：

> 即将成立的新内阁，无论其为一党独立内阁，还是多党联合内阁，都希望其是一个能够长久存续的强大的内阁。毫无疑问，这是所有国民的共同愿望。但是所谓的强大可以有两层意思：一是内阁不仅能够控制下院的多数，还能够拒绝来自上院、枢密院以及元老军阀等方面的恶意干扰而独立运行；二是能够勇敢地摆脱来自这些方面的无理由的抵抗。吾究竟应该对即将出现的新内阁抱有怎样的期待呢？……对四面八方皆有顾虑、苟安姑息的内阁，吾已经不抱任何期待。吾所求，必须是不管对方为元老还是贵族院，抑或是军阀，若有与吾所信为敌者，都能毫不客气地抗争并排除之。唯有如此，方才会有真正的以国民为重的内阁。而这次政变的结果，如果不能建立起一个这样的内阁，那么护宪运动也终究不过是一句空言。这一点还望注意。①

不再赘言，吉野在这里想到的为了"拒绝来自上院、枢密院以及元老军阀等方面的恶意干扰"而"对四面八方皆有顾虑、苟安姑息"的"强大的内阁"即原敬内阁。原敬内阁所采取的路线，可以说是欲通过与依附于元老、贵族院、枢密院、军部等"非选出部分"的势力（非选出势力）相妥协，在《明治宪法》体制之下谋求政党内阁地位的稳固。与之相反，吉野期待的所谓"强大的内阁"，则指的是实现普通选举、强化政党的国民基础，并以此为背景排除"非选出势力"介入的政党内阁。人们对护宪三派内阁以后的政党内阁所寄予的期望证明了政党内阁相对于其他"非

---

① 吉野作造：《现代政治讲话》，文化生活研究会，1926，第101～105页。

选出部分"势力的优越性。①

不过，这种以批判政友会为前提的对政党内阁的期待，与通常被视为具有一九二四年到一九三二年的政治特征的、人们对"宪政常道"即两大政党制的拥护，有着相当微妙的差别。在第一次若槻内阁的末期，当宪政会与政友本党提携、试图延长其内阁寿命的时候，吉野撰文对此做了辩护："至于宪本提携与政本提携的利害得失，不好轻易妄下断言。不过，以政友会过去的诸般罪恶与田中总裁的恶名，无论宪政会内阁被认可还是被厌烦，都似乎不能使政本提携受到欢迎。我虽然有自己的一些看法，不过，国民的舆论恐怕会是更倾向于宪本提携，而非政本提携。"② 吉野的论述虽然言辞委婉，但显然是以政友会的人气尚不足以取代宪政会内阁为由，为当时有些走投无路的宪政会内阁试图延长其寿命的做法辩护。当台银救济的紧急敕令遭到枢密院的否决，若槻内阁因此而倒台，田中义一的政友会内阁成立之后，吉野更加鲜明地表达了其上述立场。在一九二七年秋府县会议员选举之时，吉野撰文写道："我基于如下两个理由坚决不为隶属于政友会的候选人投票：第一是我成功当选府县会议员后，来年即面临大选，此时政友会必会趁势造出许多罪恶来；第二是我从根本上无法容忍政友会长期执掌天下。"③

宪政会（民政党）中也有人试图回应吉野的期待。比如，宪政会干事长横山胜太郎就在一九二六年十二月的《宪政公论》里称"实现民本政治"必须是宪政会的目的。他论述道：

> 依据男子普选法，改造限制选举之下议会的素质，废除偏倚特权阶级的不公平政治及其设施，实现以大多数国民为基础的公正、严格的民本政治，为宪政会之目的。……坦率地说，

---

① 关于"非选出部分""非选出势力"等的定义，参照高桥进、宫崎隆次《政党政治的稳定与崩溃》，坂野润治、宫地正人编《日本近代史中的转换期研究》，山川出版社，1985。
② 吉野作造：《现代宪政的运用》，一元社，1930，第48页。
③ 《现代宪政的运用》，第85页。

第四章　政党政治的形成与崩溃

我们相信，降低少数有产阶级和少数特权阶级的生活水准，而提高大多数国民尤其是贫民阶级的生活水平，这就是政治的全部。①

对于宪政会（民政党）向"民本政治"的这种倾斜，政友会给予了反击，批判说"民政党，尤其是身为其骨干的诸位代议士的左倾言论，已经陷入与社会主义者乃至工人运动等言论几乎无法区别的状态之中"②。

批判民政党向"民本政治"倾斜的政友会，选择了一条只能说是"反动化"的路线。在一九二八年二月二十日日本第一次实行男子普选的大选前夕，田中义一内阁的内相铃木喜三郎发表了这样一份声明：

> 我宪法规定内阁组织主要奉戴大权发动之精神，不可比照外国做法，仅以政党人数之多寡决定内阁的成立。政友会自创立以来，尊奉皇室中心主义，采取积极政策。除产业立国之外还提出了四大政纲，以为现在之政纲。而民政党在其政纲中高唱"要努力贯彻议会中心政治"，这种思想极不稳妥，只能说是在蹂躏我帝国宪法之大精神。我帝国政事由天皇陛下总揽，即我帝国实行的是以皇室为中心的政治，此义甚为明了。议会中心主义等思想乃随着民主主义潮流而来，是英美一流之物，与我国体不符。此种思想扰乱了主权归一、天皇的大义，是对帝国宪法大精神的蹂躏，断不可容忍。③

在政党内阁的全盛时代，政友会内阁的内相居然如此直言不讳地攻击美浓部的天皇机关说，那么，以铃木内相为总裁的一九三五

① 《宪政公论》1926 年 12 月号，第 37~38 页。
② 《政友》第 330 号，1928 年 6 月，第 11 页。
③ 《民政》第 2 卷第 3 号，1928 年 3 月，第 36 页。

年的政友会与陆军皇道派勾结，成为"国体明征运动"的中心，也就不足为奇了。政友会内阁就是这样一个从政党政治的全盛期就开始反对"民主主义"、提倡"国体拥护"的政党内阁。

不过，尽管政友会如此批判，但其所谓的"民本政治"与"社会主义"以及"工人运动"并不是同质的概念。即便是"民本主义"的始祖吉野，也并没有提倡社会主义。因为吉野效仿的是一九一〇年前后的英国政治，而非一九二〇年代劳动党全盛时期的英国政治。在一九一四年四月发表的评论中，吉野对此做了明确的表述：

> 在我看来，所谓最良善之政治，乃以民众政治为基础的贵族政治。……今日的英国正是如此。在英国，从事政治活动者，于社会方面、道德方面、知识方面，皆为贵族阶级。他们以其品格和知识指导国民，视国民的要求所在为政，而又没有全然无视国民感情。任何时候，其执政都以民众主义为基础。①

这里所描绘的正是一九一〇年前后英国的政治状态，自由党改变历来的自由放任主义，开始重视社会政策，并以诞生不久的劳动党的庇护者自居。

民政党的指导者也充分意识到了这一点。一九二九年七月民政党的滨口内阁成立之时，该党的指导者鉴于一个月前英国在下院选举中工党大胜而自由党惨败的事态，明确表述了民政党所追求的不是现在的英国政治，而是"从一九〇六年到一九一六年"的英国政治，即"（英国的）自由党在二十世纪初，即从一九〇六年到一九一六年，展现了雄狮奋起之大威力，拥护无产阶级，一举解决了爱尔兰独立、贵族院改革等难题，完成了其伟大的使命，其功绩实乃政治史上之精华。……我日本如今正期待着一个能够像英国二十

---

① 吉野作造：《现代之政治》，实业之日本社，1915，第34～35页。

世纪初的自由党那样活跃的、勇敢的、持进步主义观点的政党出现。这个政党即民政党"①。

二　右派社民党的既成政党观

在宪政会（民政党）向"民本政治"进一步靠拢的时候，无产阶级政党运动的内部也发生了很大的变化。日本劳动总同盟进一步明确了其现实主义的路线。一九二六年十二月，在吉野作造等人的号召下，在日本劳动总同盟的基础之上又成立了社会民众党。下面，我们将以社会民众党的母体总同盟的方向转换，以及随之产生的既成政党观的变化为中心，从一个侧面对政党内阁时代进行考察。

一九二六年十二月，以总同盟为中心的右派社民政党——社会民众党成立，以此为转折点，日本的社会主义运动进入了一个新的阶段。在工人运动领域明确提出这一论断的是总同盟的会长松冈驹吉。在一九二七年二月总同盟机关杂志的卷首语中，松冈论述道：

> 实施普选在即，我国的工人阶级正在积极筹划，准备开展活跃的政治运动。然而，工会是工人阶级运动的基础。即便我国的无产阶级政党通过今后的活动完成了劳动立法，各种社会政策得到了彻底的贯彻执行，但如果产业中没有牢固的工会组织，政治运动中所获得的利益是不会完全得以实现的。……当前工会的经济任务是劳动条件的持续改善。但是，所谓的劳动条件的持续改善，指的并不仅仅是工资、劳动时间的问题。诸如增大工人在产业上的发言权等产业民主主义的实现，我想也可以理解为广义上的劳动条件的改善。……使工会的集体交涉权得到确认，这才是所有一切的基础。工厂委员会的组织也是必需的，像我国这样尚未在每一种产业内部都建立起工会组织的地方，设置工厂委员会尤为必要。……工厂委员会要以工会

---

① 《民政》第 3 卷第 7 号，1929 年 7 月，第 27 页。

为基础，且具有决议权，资本家必须担负起实施这些决议的责任。……除了前述这些根本性问题，在其他方面，也存在一些可以实现产业民主主义的通路，比如，伍长、组长的公选，让工人拥有作业上的发言权等。①

这里松冈期待的是无产阶级政党能够通过在普选议会中的活动来推动社会政策的实现，并且能够在各企业内部实现劳动合同的签署，以使这些社会政策真正惠及工厂车间。这被他视为现实主义工人运动的两大支柱而加以提倡。

然而，在松冈这一评论发表后不久即爆发了金融危机，资本家借此机会加强了合理化的攻势，如此一来，两大支柱中"产业民主主义"所占的比重对于总同盟而言开始有所增大。由于在经济萧条的境况下加强了合理化攻势的资本家，对于阻碍合理化的劳动合同越来越抱有敌意，结果政友会不得不高调宣称产业民主主义并不妨碍合理化，反而是促进合理化的。也就是说，已经不再谈论通过向普选议会派出无产阶级政党的代表推动劳动立法和制定社会政策之类那样渺茫的东西了。当然，不能像之前期待宪政会内阁那样去期待在金融危机后建立起来的田中政友会内阁来完成劳动立法、社会政策的制定也是其中的一个原因。总之，因为松冈驹吉的这篇论文《产业合理化与工会》（一九二八年七月）提出了产业合理化要与产业民主主义并立而行，所以在产业界相关人士中间引起了强烈的反响。在这篇有名的论文中，松冈这样论述道：

我国产业中最重要的问题是劳资关系的合理化。而其中最基本的问题是工人团结权的确认以及与之相伴而生的集体合同权的确立。只有工会健康稳定地发展，才能有：①产业内部民主主义的确立；②产业内劳资关系方面的进步与新秩序的建设；③工人作为产业人的自主训练的开展。……应当全面组织

---

① 《劳动》第 188 号，1927 年 2 月，第 3 页。

工会，以此为基础，在工厂成立工厂委员会、在产业方面组建产业委员会，我们相信必须以"尽量通过协商解决问题"的思想来指导整个产业。如此历来持续不断的劳动争议就可以锐减，这对于那些常常把产业和平挂在嘴边的人（资本家）而言，恐怕是值得铭记于心的吧。……依我们所信，产业的发达意味着国民生活的丰富，为此至少应该断然实行大产业的国有化，对无政府产业状态给予秩序的规范和统制。然而，单纯的国有化的实施也会导致官僚主义的横行，招致生产效率的下降。不仅如此，从业工人的福利也未必会有所增进。对于这些我们可以从俄国的实例中窥见一斑。也许是因为我国的资本主义历史根基浅薄，大部分工人也缺乏作为近代产业工人的训练，缺乏集体观念的利己主义、卑屈的奴隶根性、无社会责任意识、缺乏常识等。这些问题现在依然普遍存在。依靠这样的产业工人，无论怎样改变组织，也很难真正提高生产效率，增进国民生活的福利。[①]

这篇论文之所以引发很大的反响，是因为作者在文中阐述了工人也应该具有作为产业人的自觉、能够提出"提高生产效率"的主张。刚刚与共产党分道扬镳的山川均等"劳农"集团，对松冈的这一主张做了如下的批判：

我们与松冈的意见完全不同。工会的任务是保护工人不受资本家阶级的剥削，没有必要为了资本家阶级，把提高工人的作业能力作为自己的职责。工人即使是根据集体合同来出卖自己的劳动力，也没有义务在工厂就业规则之外再去刻意提高作业能力，消耗自己的身体去为资本家谋取利益。如果工会依据集体合同自请提高作业效率，工会就会变成帮助资本家榨取的

---

① 《劳动》第 206 号，1928 年 8 月，第 4～5 页。

机构。[1]

但是，从前面的相关论述来看，松冈的"依据劳动合同提高生产效能"的主张，与他对"国有化"的疑虑是联系在一起的，这一点或许更为重要。松冈本人在文中也说过我们认为"应该断然实行大产业的国有化，对无政府产业状态给予秩序的规范和统制"，可见，"产业手段的国有化"是把社会民主主义与民本主义区别开来的最后堡垒。但是，开始重视"生产效率"的松冈，是以资本主义为前提，在此基础之上进一步提倡通过企业（而不是产业）内部的劳动合同来追求生产力的提高的。

如此一来，总同盟对普选后政府的期待就局限在旨在促成企业内部劳动合同签署的工会法的制定，以及在依据劳动合同进行团体交涉时，有利于实现企业劳动条件和福利保障的社会政策立法上。这样的劳动立法和社会立法，即使是在资产阶级自由主义政党的内阁之下也是可能实现的。所以，对于总同盟而言，社会民主主义政权的建立不再是当务之急。这样，对两大支柱之一的普选议会的期待也就变成了对自由主义政党内阁的期待。

不过，这时候的总同盟也并不是说连未来建立社会民主主义政权的梦想也已经放弃。总同盟的机关杂志对于一九二九年五月末英国大选中工党的获胜所做的评价清晰地反映了这一点。

> 五月三十日英国举行大选，结果工党获得二百八十九个议席，保守党二百六十席，自由党五十四席，工党成了第一大党，终于有望看到工党内阁的出现了。……英国工党自创立以来，除了工会以及其他社会主义团体之外并不接受个人入党，但是，到了一九一八年，这一条党章得到了修改，即使是个人，也可以组建地方支部，成为党员。不过，党组织成员中的大多数人依然是工会会员，从这个意义上说，工党可谓是工会

---

① 《劳动》第三卷，1928 年 8 月，第 303 页。

第四章　政党政治的形成与崩溃

政党。①

　　这篇论文还强调了工党四十万日元的党费中，有百分之九十九来自工会，即如果工会能够壮大，工党政权就可以实现。基于这一英国模式的总同盟梦想依然存在。

　　但是，总同盟已经不再梦想着要在短期内在日本成立工党政权了。正因为如此，对劳动问题、社会问题表示关心的宪政会（民政党）才赢得了较高的评价。一九二九年七月，当取代田中政友会内阁的滨口民政党内阁成立之时，总同盟的机关杂志这样表达了欢迎之意：

　　　　民政党对我国工会运动所产生的积极影响纵然不是本质上的，但也不能不坦率地予以承认。我国工会组织第一次向国际总工会派遣真正的代表，是在大正十三年第六次国际大会上，当时是加藤内阁。在某种意义上，这是工会向"公认"迈出的第一步，值得铭记。另外，健康保险法和改正工厂法的实施，同样都是在宪政会若槻内阁时代开始的。……治安警察法第十七条的废除与劳动争议调停法的制定可以认为是将消极罢工的权利合法化了。还有，制定普通选举制的也是加藤内阁，尽管其并不完善。这样看来，民政党过去对于劳动政策的态度，比起政友会多少还是进步的，这是确切的事实。②

　　一言以蔽之，总同盟相信滨口内阁这次一定会制定工会法。总同盟虽然批评滨口内阁（经过社会政策审议会审议，但尚在准备阶段）的工会法案中"没有设立确立团体协约权的条款"，但还是对其抱有强烈的期待，认为"假如制定了工会法，那么从工会主

---

①　《劳动》第217号，1929年7月，第4页。
②　《劳动》第218号，1929年8月，第4页。

义的角度来看，在某种意义上无疑是带来了革命性的影响"①。

但是，因为滨口内阁将断然实行黄金出口解禁作为其最大的政策看点，所以，在其执政期间，资方的合理化攻势进一步加剧，解雇事件频发，劳动条件显然在不断恶化。从工会运动方面来说，这时候更需要工会法的侧面援助，但是从资方的角度而言，他们正在采用解雇和降薪的手段来保证获得利润，如果这时候制定工会法，劳动争议必然会愈发激化。黄金出口解禁的实施和工会法的制定，这两项政策本来就难以两立。

第五十九次议会从一九三〇年末持续到一九三一年三月。在这次议会上，工会法案因遭到了资本家集团的猛烈反对而流产。事情的经纬众所周知。但是，总同盟的领导人打算无论做出何种让步都要使这一法案成立，所以，尽管法案流产了，但是总同盟没有立即转换方向，而是抱着第五十九次议会不行的话，在第六十次议会上通过也可以的态度。总同盟主事松冈驹吉高度评价了安达谦藏内相在议会上所做的对该法案的说明，称"纵然是工会法遭到了篡改，且被埋葬，但如前所述，有内务大臣在帝国议会演说，又以多数在众议院获得了通过，应该说这已是一个很大的进步了"②。他要求工会自重。

但是，恐慌一直在持续，而且承诺制定工会法的民政党内阁因"满洲事变"在一九三一年底集体辞职。此时，就连总同盟，一时也对过去的路线丧失了自信。在一九三二年二月的大选中，政友会大获全胜。其时总同盟的机关杂志这样记述道：

> 常常无视社会政策，这是政友会的特色。我国现有的社会政策极度欠缺，少得不足以称道。然而，可以毫不夸张地说，即便是这样的一些社会政策，也绝对不是经政友会内阁之手实现的。健康保险法的制定、妇女夜间作业的禁止、工人灾害扶

---

① 《劳动》第223号，1930年1月，第3页。
② 《劳动》第238号，1931年4月，第3页。

助法的制定等，都是民政党完成的。……今日面对犬养内阁，要求制定工会法、失业保险法等，无异于向鬼乞求施舍，要求者反倒成了笑话。我们今日之所以不去大声呼吁制定工会法、失业保险法，不是因为我们认为不需要工会法、失业保险法，也不是因为我们缺乏坚持不懈的精神，而是因为我们知道这样做只是在浪费劳力。……如果说诸种社会政策的实施在现在的资本主义财政体系中是困难的，那么，对于无法抚养国民的这种制度出现不信任的声音是理所当然的。……但是如果连通过制定工会法、产业会议制度等手段实现分配的公正、渐进式地对资本主义制度进行改造也拒绝的话，那么，国民的"思想激化"在所难免。……面对犬养内阁获得绝对多数选票支持的情形，我们可谓是站在了苦闷、黑暗之中，这将是一个"进步政策绝望的时代""社会政策绝望的时代"。……促使国民大众采取直接行动的是谁？只能说是资本家阶级以及资本家政党。①

期待着民政党的劳动立法、在两年多的经济大萧条中一直保持着忍耐的总同盟，也因为政友会在一九三二年二月大选中的获胜而终于走向了转向。总同盟的别动队——社会民众党在一九三二年四月发生分裂，五月赤松克麻吕等组建日本国家社会党，就是这时候的事情。在刚才的评论中，总同盟否定了资本主义，指出直接行动的出现，为"资本家阶级及资本家政党"敲响了警钟，其矛头所指并不是共产主义的威胁。

三　经济萧条的日益严峻与政治体制论的后退

如果以民政党（宪政会）的"民本政治"为主轴来把握一九二四年至一九三二年的政党内阁时代的话，那么，正如前面我们已经看到的那样，其崩溃始于一九三一年第二次若槻内阁的下台，而

---

① 《劳动》第 250 号，1932 年 4 月，第 3 页。

非一九三二年"五·一五事件"导致的犬养内阁的崩溃。这是因为犬养内阁虽然也是政党内阁，但是它背叛了几乎所有大正民主主义对政党政治的期待。

如果从陆军革新派的观点来看犬养内阁，这一点将会更加清楚。顺便提及，陆军革新派曾于一九三一年发动了"满洲事变"，后又发动政变，虽然未果，但动摇了民政党内阁的根基。"五·一五事件"的真正主谋海军中尉藤井齐（此人在"五·一五事件"前夕就已战死于上海）在一九三一年十二月二十一日的日记中这样写道：

> 两点半到达，迎菅波（三郎）君前往延寿馆。事情没有谈妥。一方面民政内阁之崩溃、政友内阁之成立，北氏的贡献很大，即北先指使安达（谦藏）发表联合内阁声明，而后以内阁不统一为由迫使民政内阁辞职；另一方面又帮助政友会内部唯一的单独内阁组织论者森格①，迎其成立单独内阁。据说森对此感恩戴德。对于荒木的入阁，北氏也为之大力奔走。……如今，荒木成为我党之保护，正将宇垣一派、桥欣派扫除。②

北一辉对陆军青年将校有着很大的影响力，如果他的目的是打倒民政党内阁、成立政友会单独内阁、让荒木贞夫出任陆军大臣的话，那么，陆军青年将校打倒犬养内阁的理由就不存在了。事实上，陆军革新派安藤辉三在一九三二年四月三十日与陆军士官候补生后藤映范见面的时候就曾说："现在我们这边进展得非常顺利，只差一点目标就可以达成。所以，现在不希望搞'恐怖袭击'。"在后来的预审中，安藤在作为证人接受讯问时陈述说，所谓"顺

---

① 格为恪的误写。
② 原秀男等编《检察秘录五·一五事件》第三卷，角川书店，1990，第714页。

利”的意思是指“陆军和政党的关系发展顺利”①。这里所说的政党当然不可能是民政党。

犬养政友会内阁时代被稳健的工会称为“社会政策绝望之时代”，如果陆军青年将校认为这一时期陆军与政党的关系发展顺利的话，那么也就说明即便犬养内阁是政党内阁，其与“大正民主主义”也已经是无缘的了。

反过来说，政友会内阁因一九三二年的“五·一五事件”下台，这对于民政党、总同盟来说，事态可能并不像想象的那样严重。是选择反动的政党内阁，还是期待相比之下较为进步的举国一致内阁，成了“五·一五事件”以后体制选择的主要内容。

但是，民政党与政友会的胜败并不是仅凭工会以及陆海军的动向就能决定的，这一点自不待言。民政党的财政金融政策与其“民本政治”的理念相互矛盾，而政友会的积极财政论恰好弥补了其自身的反动性，这些也都是不可忽视的主要原因。

尽管民政党内阁在世界经济恐慌最严重的时候断然实行了黄金出口解禁政策，但还是在一九三○年二月的大选中再次胜出，这是民政党内阁崩溃的一个远因。

在这次大选中，民政党大胜而政友会惨败，其中的缘由只能通过专业的选举角度分析。不过，民政党内阁在经济萧条的境况下，为了推行黄金出口解禁而采取财政紧缩政策，这应该会对其选举造成不利的影响，然而，民政党获得了大胜，这让当时的观察家们也颇感迷惑。连民政党的干事长也承认，为了推行黄金出口解禁而采取的财政紧缩政策，结果是“从地方上来看，或有水利事业的停滞，或有道路港湾事业的迟延，为此我党的势力出现了缩小的迹象。大选当前，反对党宣传经济的不景气以煽动民心，我党的立场本来就在地方上处于不利，要想获得胜利未必是件容易的事情”②。但是，事情远远超出了人们的预测，民政党在这次大选中以压倒性的优势

---

① 原秀男等编《检察秘录五·一五事件》第三卷，角川书店，1990，第 24 页。

② 《民政》4 卷 3 号，1930 年 3 月，第 12 页。

获得全胜。解散时拥有二百三十七个议席（50.9%）的在野党政友会在选举中失去了六十四个议席，只确保了37%的席位（得票率也几乎相同，仅为37.75%）；而解散时只拥有一百七十三个议席的执政党民政党则增加了九十八个议席，议席占有率达到了58.2%（得票率比议席占有率稍微低一些，即便如此，还是超过了52%）。

政友会对民政党内阁财政金融政策的批判，虽然没有在这一次的选举中奏效，然而其中提到的一些内容具有相当准确的预见性。"放眼望一下街头吧，失业者裹着单衣在寒风中瑟瑟发抖，得不到半碗米，因饥饿而哭泣；小商业者诅咒世道维艰，责骂世态炎凉，为不景气而慨叹；农村老幼望着荒凉的田野，脸上写满怨恨。我们的同胞如今正在被一步一步逼入这样的境地。一味贪图黄金出口解禁的功名，而将国民推向悲观绝望的深渊，对于现任内阁的功罪，公正的国民会做出诚实的判断。"① 不久以后出现的事态在此不幸被言中了。

到了一九三〇年的六七月份，围绕着《伦敦海军裁军条约》的签署，海军右派、枢密院右派、政友会等对民政党内阁的攻击愈演愈烈，随之，在选举中曾被忽视了的政友会对黄金出口解禁的批判，开始在国民中间渗透。在八月份的《东洋经济新报》的评论中，石桥湛山断言"滨口内阁如果垮台，无论其直接诱因是什么，根本原因在于其经济政策的失败以及由此产生的民意的背离"②。另外，正如我们在前面看到的，随着金融恐慌的加剧，也由于政友会在这方面对民政党内阁的攻击，一直对民政党内阁的社会政策抱有强烈期待的社民势力，也开始怀疑自己存身立足的基础有可能崩溃。这一年七月，稳健三派联合成立了全国大众党。在八月份下达给农村委员会的通知中，大众党对当时的情势做了如下分析：

尽管滨口内阁恶政频出，但政友会也因其恶行累积难得民

---

① 《政友》第349号，1929年12月，卷首语。
② 《石桥湛山全集》第七卷，东洋经济新报社，1971，第426页。

心。政友会在此恶意煽动民众，意图使民众与政府对抗，使现政权变成一艘泥船。政友会在城市举行演说会，公然煽动失业者进行暴动。同样，在农村也声称要"打开农村不景气的局面"，煽动农民进行暴动。在农村，他们主张不纳税（但只是"在滨口内阁存续期间"），并且要国家来承担债务。他们还让本党派的町村长出面打头阵来操弄这一切。[①]

面对城市失业人口的增加和农村的日益萧条，合法的无产阶级政党也不能再无限地期待民政党的社会政策了。

但是，以民政党在二月份的大选中获得压倒性胜利为背景，财界继续向民政党内阁施压，要求通过进一步的合理化来克服危机。只要民政党还继续坚持黄金出口解禁政策，那么，它就必须放弃一直以来对其支持基础的扩大起着重要作用的"民本政治"理念。对于民政党内阁而言，最后的机会恐怕就是一九三一年四月第二次若槻内阁成立的时候了。后来提倡"联合内阁"构想、一手促成民政党内阁垮台的内相安达谦藏，在一九三一年初的第五十九次议会上力压财界的反对，试图推动工会法案在众议院通过。在第二次若槻内阁成立之际，他也强烈主张实行经济政策的转换。[②] 但是，民政党的主流在若槻内阁的成立之际，就已经强化了财界至上的态度。《民政》杂志上刊载的庆祝第二次若槻内阁成立的文章中，财界人士并未表示出对工人失业以及农民穷困问题的同情，而金融界的代表们则只是强烈希望坚持财政紧缩政策。[③]

要想应对以海军军令部为中心的军部急进派、枢密院以及政友会等右派势力对签署《伦敦海军裁军条约》的攻击，民政党应该通过工会立法、佃农租赁立法去努力强化社会政策。但是，由于一

---

① 《全国大众党第二回大会议案》，1930 年 12 月，国立国会图书馆宪政资料室所藏《林虎雄文书》。

② 《安达谦藏自叙传》，新树社，1960，第 254 页。

③ 《民政》第 5 卷第 5 号，1931 年 5 月，第 58～61 页。另外，详细请参阅坂野润治《近代日本的外交与政治》，研文出版社，1985，第 213 页。

九三〇年二月在大选中的完胜和财界坚持金本位制的要求，民政党内阁并没有对经济萧条的对策给予重视。而就在此时，即一九三一年九月，"满洲事变"爆发了。

在"满洲事变"爆发之际，试图坚守币原外相英美协调政策的民政党内阁，不仅遭到了海军方面的攻击，同时也成了陆军攻击的靶子。对于已陷入内政外交困境的民政党内阁，在野党政友会又以财政金融政策进行追逼。与井上财政大臣对金本位制的固执相反，政友会在十一月十日决定并公开宣布了将再次禁止黄金出口作为党的决议。为工人失业问题和农村的萧条深感烦恼的国民，看到在野党提出了明确的经济对策，很有可能会弃民政党内阁而去。这样，即使政友会组建一个单独执政的少数党内阁，想要解散议会，（在大选中）获得过半数议席恐怕也不是件难事。为了应对"满洲事变"带来的对外危机，元老西园寺公望曾向政友会探询是否有与民政党合作的意向，对此，政友会总裁犬养毅这样答复道：

> 毕竟政策不同，合作起来很困难。我党在外交方面可以支持民政党，或许也可以一同走下去。但是，在其他问题上终究无法达成一致。民政党想要避免解散议会维持现状的做法，我是无法理解的。解散议会难道不可以吗？①

显然，拒绝与民政党合作、打着改变经济萧条现状的旗号、试图在大选中与民政党一争高下的犬养，谋求的是建立政友会单独执政的政权。而且，正如我们在前面阐述的那样，在其背后还有陆军的荒木贞夫以及深受北一辉、西田税影响的陆军青年将校的支持。

民政党内阁对于"满洲事变"采取了不扩大事态的方针。在这个问题上民政党并不是完全没有说服陆军首脑部的可能。关于这一点笔者另有详述。②仅从民政党与政友会的对立来看，在经济萧

---

① 原田熊雄：《西园寺公与政局》第二卷，岩波书店，1950，第127～128页。
② 坂野润治：《近代日本的外交与政治》，研文出版社，1985，第227～230页。

第四章　政党政治的形成与崩溃

条日益加重的情况下，民政党内阁既不能提出社会政策的扩大（因财界的反对），也无法做出黄金出口再禁止的决断，所以很快就失去了国民的支持。通过恢复金本位制来谋求经济的重建，是民政党内阁的核心政策之一。但是，这一政策的实施不可避免地导致了该党的另一政策支柱"民本政治"被束之高阁。而此时，在野党政友会的积极经济政策却在农民、工人中间逐步获得了广泛的支持。

偷袭了若槻内阁后院的犬养政友会内阁，从上台即日起就断然实施了黄金出口再禁止的举措。次日，股价暴涨，交易所不得不暂时中止了交易。停止实行金本位制引发了外汇市场的暴跌，在日元贬值的情况下，出口出现了增长趋势。趁着对自己有利的这种景气恢复的征兆，政友会内阁在一九三二年一月解散了众议院，凭借着"犬养景气"这一利器展开了选举大战。人们普遍认为"满洲事变"的责任不仅在关东军，为经济的不景气而深感烦恼的国民也有责任，他们对这场战争给予了狂热的舆论支持，因为他们期待着能够借此摆脱经济危机的困扰。但是，从大选中争论的焦点来看，国民似乎已经知道景气的恢复不是靠"满洲事变"，而是由黄金出口再禁止的实施带来的。关于这一点，看一看政友会的干事长久原房之助在大选时说的这段话就会一目了然。

这一次的政争，主题非常清楚。是喜欢景气，还是喜欢不景气？是希望工作，还是希望失业？是期待生活安定，还是期待不安定？是要产业的振兴，还是要产业的破灭？是要减税，还是要增税？是要自主外交，还是要屈从外交？[①]

与"满洲事变"相关的政策，在大选中就像生鱼片的配菜一样只不过是一种装饰搭配而已。前面述及，迫使民政党内阁垮台的最大原因是"满洲事变"。然而，在其集体辞职后举行的大选中，民政党被攻击的焦点是井上的财政政策而非币原外交政策。正是这

① 《政友》第377号，1932年2月，第2页。

个缘故，在"满洲事变"爆发以前，至少是在第二次若槻内阁成立的时点上（一九三一年四月），民政党没能够提出转变井上财政政策的方针，这成了它在这次选举中的致命弱点。大选的结果是，政友会在议席数上占到了 65%，得票率占 58.4%，实际增加了一百三十二个议席。反过来，民政党则比解散时少了一百零三个议席，仅占全部议席的 30%（得票率也只占 34.9%）。

政友会在选举中并没有表达其对"满洲事变"的拥护，这也促使我们不得不对一般人们认为的舆论支持了"满洲事变"这一观点进行重新思考。其实陆军在"满洲事变"扩大的过程中，对于舆论支持事变的这一观点一直是持怀疑态度的。一九三一年十一月十六日二宫参谋次长在劝告关东军放弃占领齐齐哈尔时这样说道："如今之时势，正是国民能够迅速感知外界之气流变化的时候，（国民）虽一时处在亢奋状态之中，支持乃至追随军部，但很快就会慢慢离开，如欧洲大战期间德国之国情，此事绝非杞人忧天。"[1] 另外，宇垣一成在同年十月二十五日的日记中也写道："国家今日之对外舆论看起来大体一致，但总觉得这只是一种表面现象，外务省被陆军牵着鼻子走，身不由己，和平论者以及国际主义者等追求时髦的人们，战战兢兢地跟在国民主义者、对外强硬者身后，言论机关被暴力团体以及那些雷同的读者意向左右，如此才呈现出国民舆论一致的景象。"[2] 对于这种营造出来的舆论支持的脆弱性，当事者们是最清楚不过的了。

"满洲事变"与景气恢复的关系，可以说也是如此。就连政友会的院外团体也明白，要想守住"满洲事变"的"成果"，必须恢复国内经济，而不能是反其道而行之。在一九三二年一月召开的政友会院外团体大会上，该党总务津云国利在来宾演讲中讲道："只有源自国民经济生活的力量才能够动摇我们这支强大的陆海军队

---

① 稻叶正夫等编《走向太平洋战争之路·别卷资料编》，朝日新闻社，1960，第 152～153 页。
② 《宇垣一成日记》第二卷，三铃书房，1970，第 812～813 页。

伍，这是根本之力。然而，如果破坏了兑换制度，从根本上颠覆国民的经济生活，又如何能够期待这一力量呢？如此想来，国民的经济生活对于满蒙政策所产生的影响力实在是非常之大。所以，我党的黄金出口再禁止政策可以说一方面能安定国民生活，另一方面可以使我国的对满政策强硬起来。"① 通过黄金出口的再禁止政策来恢复国内经济，为满蒙政策的实施提供资金，而不是通过"满洲事变"来恢复国内经济，这是那个时代人们的常识。

由上可知，继民政党内阁上台的政友会内阁，通过经济政策的转换受到了国民的欢迎。但是，这并不意味着支持黄金出口再禁止的58.4%，即五百七十万国民对于"上海事变"以及建立伪满洲国表明了态度。三百零三个议席、五百七十万张选票，国民对犬养内阁的这种支持对于压制"上海事变"、阻止伪满洲国的建立并没有发挥任何作用。不仅如此，对于期待着经济恢复、失业救济、改变农村穷困面貌的国民而言，在犬养首相因"五·一五事件"死去、政友会内阁集体辞职以后，是否还会有政党内阁出现，并不是那么重要。而高桥是清能否留任财政大臣是更为重要的事情。民政党内阁的崩溃意味着币原外交和井上财政的终结。犬养内阁的崩溃，除了政党内阁的终结以外，没有带来丝毫政策上的改变。

第二节 举国一致内阁时期的体制构想——立宪独裁、联合内阁、宪政常道

一 三种内阁构想

如果说从一九三一年到一九三二年前半年的大危机、"满洲事变"以及军部的恐怖活动为战前日本的政党内阁时代画上了休止符，那么，从一九三五年后半年到一九三六年二月这段时期内所发生的内阁审议会的设置、国体明征运动以及"二·二六事件"则

---

① 《政友》第377号，第55页。

可谓是彻底断了政党内阁制复活的希望。比较战前日本政党政治衰退过程中出现的这两种局面，可以看出，前者是属于"危机的时代"，而后者则属于"全面危机中的相对稳定期"。一九三七年四月发行的《朝日时局读本·现代政治的动向》对这两个时期做了如下的比较：

> "二·二六事件"是以青年将校为中心发动的、围绕国内改革的内乱，从其发动的基础就可以预见到不可能成功。这是因为，天皇的凌威姑且不论，昭和六年开始出现的非常时局已经进入到了建设期，这是当时的基本情势。昭和六年、七年可以说是怒涛狂澜的时代，农村极度衰败，社会不稳定，政局也因一些人的煽动和恐怖活动出现了动荡。但是，内阁的镇压和军部的统制方针使得这一局面最后得到了控制。而且，不容忽视的是，过去通货紧缩导致的经济萧条，在经过合理化的调整以后开始呈现出通货膨胀的景气，伴随着贸易的增加和失业的缓和，原本严重的经济萧条状况逐步得到了一些改善。这样，以昭和八年为转折点，昭和九年、十年，从焦土的非常期发展到了建设的非常期，从动乱的时期过渡到了安定发展时期。在这样的背景下，急进派开始专心于谋权夺利，因此失去了与大众的联系。昭和十年、十一年，这些政治形势与昭和六年、七年之所以不同，原因即在于此。"二·二六事件"前后社会的不稳定，与昭和六年、七年相比，不仅在程度上有着显著的差异，而且急进派的运动方式与组织关系也发生了变化，没有看到其对当时诸如农民阶层等的重视。社会不安的相对改善、经济情势的变化以及举国体制已开始推动国民走向举国一致，这些政治形势等已经使急进的政变手段没有了得逞的可能。①

---

① 星野辰南编《朝日时局读本·现代政治的动向》第二卷，朝日新闻社，1937，第266～269页。

身处那个时代的人们所做的这些出色的现状分析，可以修正后来历史学家对这一时期分析的偏差。"以昭和八年为转折点，昭和九年、十年，从焦土的非常期发展到了建设的非常期，从动乱的时期过渡到了安定发展时期"，这一明快简洁的叙述为我们提供了一条重要的线索，借此可以修正我们对"十五年战争"的单线式理解。《时局读本》的作者所强调的经济原因，即农村从萧条中的解脱、贸易的增长以及失业的缓解，如果用数字来衡量的话，如表1所示。

表1 1925～1937 年的经济数据

年度	米价 （日元/石）	丝价 （日元/100 贯）	失业人数 （1000 人）	失业率 （%）	出口总额 （100 万日元）	进口总额 （100 万日元）
1925	35.74	972.00	—	—	2818.7	3160.5
1928	27.08	587.84	—	—	2461.7	2780.1
1929	26.61	641.57	294.1	4.33	2662.2	2793.9
1930	16.72	285.74	367.8	5.23	1910.7	2014.4
1931	16.52	283.87	413.2	5.92	1513.7	1695.8
1932	20.45	331.42	489.2	6.88	1836.1	1945.3
1933	20.24	494.38	413.9	5.66	2389.7	2474.4
1934	26.71	233.96	374.3	5.01	2829.9	2982.0
1935	28.04	427.53	356.6	4.66	3327.0	3287.6
1936	27.70	466.44	340.9	4.35	3638.7	3707.7
1937	31.24	488.08	299.5	3.76	4258.7	4936.9

注：①米价、丝价，参见大川一司等编《长期经济统计·物价》，东洋经济新报社，1967，第170、183 页。

②出入口总额（当年价），参见大川一司等编《长期经济统计·贸易与国际收支》，东洋经济新报社，1979，第179、183 页。

③失业人数、失业率，参见日本统计研究所编《日本经济统计集》，日本评论社，1958，第278 页。

如果将一九三四年丝价的暴跌看作例外，那么，从表中可以看出，以一九三三年为转折点，农产品价格开始回升，失业人数开始减少，前一年度进口的增加在第二年度通过出口的进一步增长得到了补偿。一九三一年、一九三二年开始的经济危机，在一九三三年、一九三四年明显地出现了好转。

经济统计显示的经济恢复与国民生活的实际感觉之间往往存在着较大的出入。就农村而言，其受经济危机的打击最为严重，而且内部还存在着地主与佃农的利害对立，所以仅看农产品价格的回升就认为可以消解农民的不满，下这样的结论有点为时尚早。但是，城市中的工人阶级对经济恢复持欢迎的态度是事实。他们真正感觉到了生活水平的提高。尤其是当这种生活感觉被工会运动的领袖们挂在嘴边的时候，政界便可以摆脱劳动问题的困扰了。譬如，拥有众多工会支部的日本劳动总同盟（这些支部在经济恢复时期都与公司签订了劳动合同）在一九三五年八月召开的工会会员座谈会上，就多次提到了劳动条件的改善。[1]

另外，在以"十月事件""五·一五事件"等为表征的政治危机方面，也的确存在前述引文中提到过的危机缓和的迹象。

关于一九三四年到一九三五年"皇道派"的后退，我们稍后再涉及，现在先来看一看另一位同时代人物的证言。社会学家、曾经的新人会会员新明正道在一九三四年六月的《中央公论》杂志上这样阐述道："近来各个方面都一致认为我国的法西斯主义正在退潮，这一现象在第六十五次议会前后变得尤为显著。通观法西斯主义出现到现在我国的政局，这种主流看法大致可以得到肯定。"作为佐证，新明举出了荒木陆相的温和、从内田焦土外交到广田外交的转换以及荒木陆相的辞职等，其中尤其值得关注的是，他将一九三三年十二月九日荒木陆相的"军民离间声明"当成了"对法西斯主义、军部的批判渐渐多起来"的"反证"。[2]

一九三一年、一九三二年危机的另一个要素，是"满洲事变"以后对中国以及对欧美关系日益紧张。不过，这种对外危机也因为一九三三年三月退出国际联盟通告的发布以及五月日中《塘沽协

---

[1] 详细参见坂野润治《战前日本的"社会民主主义"、"民主社会主义"、"企业民主主义"》，东京大学社会科学研究所编《现代日本社会》第四卷，东京大学出版会，1991，第227～234页。

[2] 《中央公论》1934年6月号，第69～70页。

第四章 政党政治的形成与崩溃

定》的签署暂时得到了缓解。① 一九三五年一月，政友会的植原悦二郎（众议院副议长）在《政友》杂志上这样写道：

> 我国现在究竟"非常"在哪里？即便说同样处于非常时期，今日亟待解决的问题与两年前也并不相同。两年前，外有"满洲事变"、退出国际联盟问题，内有经济国难，此即所谓的非常事态。如今"满洲事变"已告一段落，退出国际联盟的问题也得到了平稳的解决，但人们并不认为非常时期已经过去。现在取代"满洲事变"及退出国际联盟问题的是来年的裁军问题，这被人们认为是非常时期的非常事态之一。
>
> 本来，《伦敦条约》和《华盛顿海军条约》是关涉裁军问题的基本条约，应该在签署之时就对其内容了如指掌。《伦敦条约》明年到期，而关于《华盛顿海军条约》是要在今年十二月底宣布废止，还是要待来年重新修订？若不能促成来年的修订，也就意味着要继续履行旧条约，这些事情当初就已经是再清楚不过的了。还有，关于来年召开裁军会议也是早就定好的事情，不应该现在才大惊小怪。这是五年甚至十年前就预料到的事情，因此称现在为非常时期未免显得有点夸张。②

总之，从一九三四年到一九三五年，我们在第一节中阐述过的导致政党内阁崩溃的三大危机（对外危机、经济危机、军人政变危机）在很大程度上得到了缓和，其中经济危机的缓和最为显著。

尽管如此，政党内阁最终还是没能够在这一时期复活。关于其原因我们可以找出很多，不过，本章是以民政党和右派社民为中心来描述政党政治崩溃的，若从这一视角来看，政党内阁没能够复活的主要原因恐怕就在于二者更为期待的是所谓举国一致内阁的存

---

① 中村隆英：《日本的华北经济活动》，近代日本研究会编《年报·近代日本研究2 近代日本与东亚》，山川出版社，1980，第159页。
② 《政友》第414号，1935年1月，第83页。

续，而不是多数党政友会的政权复归。

与笔者的观点正相反，《东洋经济新报》的石桥湛山对在野党、占有过半数议席的政友会重新执政充满了期待。一九三四年七月继斋藤实内阁上台的冈田启介内阁没有邀请到政友会成员入阁，所以其并不是真正意义上的举国一致内阁。这也是为什么笔者会在前面使用"所谓的举国一致内阁"这样的说法。在冈田内阁成立之时，湛山这样论述道：

> 日本国民相信冈田首相其实是一个思想稳健、脚踏实地的人，仅凭这一点便放心地将政权交到了其手中。若批评得严厉一些，只能说我们的国民实在是过分天真乐观。记者对现今我国的各大政党都怀有极大的不满，在这一点上他们不比任何人逊色。但是，即便如此，他们依然觉得与其不择对象地将政治托付给那些无知的军人官僚，还不如托付给有着明确政策政纲的政党要放心得多，尽管政党也不尽如人意。冈田内阁的成立已经是事实，我们除了接受无能为力。但是，国民应该期待下一届政党内阁的出现。如前所述，冈田内阁并不是所谓的举国一致内阁，这是一件幸事。因为作为在野党的政友会的存在，已经为下一届政党组建内阁创造了条件。[①]

正如湛山在文中所说的那样，冈田内阁并不是"举国一致内阁"。关于该内阁的具体体制构想，我们将稍后论述，在此，我们暂且称其为"立宪独裁"。当时逗留在日本的英国国民自由党党员E. H. 皮克林称冈田内阁为"没有政党的议会制政府"[②]。与此相对，湛山的体制论便可以说是典型的"宪政常道"论了。

在"立宪独裁"与"宪政常道"之间，还存在着另外一种内

---

① 《石桥湛山全集》第九卷，东洋经济新报社，1971，第58页。
② Ernest H. Pickering, *Japan's Place in the Modern World*, George G. Harrap & Co, Ltd, London, 1936, p. 229.

阁构想，即"联合内阁"论。主张由政友和民政两大政党成立联
合内阁、一起克服政党政治危机的这一内阁构想很难用一句话解释
清楚，因为"危机"性质不同，其表现形式也是多种多样的。仅
就一九三一年末第二次若槻内阁的末期而言，那些意图维护政党政
治、使其免受陆海军青年将校直接行动之害的人们设想的是，要建
立一个能够与在这些青年将校中间颇有人望的陆军将官（荒木贞
夫）形成合作的政民联合内阁。内务大臣安达谦藏提倡的"联合
内阁"即是如此。当安达谈到"偏向一党一派，为政权争夺而煞
费苦心，已经没有任何意义"的时候，他考虑的是"陆军军人的
思想，尤其是校官以下青年将校的思想剧变"，同时"民间有北一
辉、西田某等人煽动"。① 大藏大臣井上准之助说："近来人们所提
倡的所谓举国一致内阁或政民联合内阁，都不是旨在牵制并统御军
部的强有力的内阁，毋宁说二者都在取悦军部。想到国家的前途，
无论如何还是无法赞同"，他也是出于这样的"联合内阁"构想。②

　　然而，将第二次若槻内阁末期所面临的政党政治危机归咎于
国际联盟为了防止"满洲事变"的扩大而采取了对日强硬态度，
政治家提出的"联合内阁"构想却是旨在"牵制和制御军部"。
这种构想是试图让阻止"满州事变"进一步扩大的陆军大臣南
和一直在背后支持参谋总长金谷的朝鲜总督宇垣占据政民联合的
中心位置。宇垣拜访元老西园寺公望时说道："今日继续拥立无
视政党的政府，恐怕反而会增加纠纷，必须尽可能地避免（此
种事情发生）。"此时，他其实已经表明了自己要亲自率领"联
合内阁"、在政民两党的支持下抑制"满洲事变"扩大的意思。③

　　可以说寄希望于荒木贞夫的"联合内阁"论的意图是应对国
内法西斯势力的抬头，而以宇垣一成为中心的政民联合内阁的构想
是以抑制关东军为目的的。

---

①　《安达谦藏自叙传》，新树社，1960，第 263～264 页。
②　《木户幸一日记》上卷，东京大学出版会，1966，第 114 页。
③　《宇垣一成日记》第二卷，三铃书房，1970，第 817～818 页。

关于民政党内阁末期出现的"联合内阁"运动的详情，这里不再赘述。① 笔者在此想要指出的一点是，在一九三一年末政党政治面临危机的时候，与"立宪独裁"和"宪政常道"一起，建立政民联合内阁的构想也是另一种选择。"立宪独裁"是民政党单独内阁的次善之策，"宪政常道"是政友会的单独内阁论，二者旨在通过亲近军部路线来实现其执政的目的，而"联合内阁"构想则是政友、民政两党内反主流派的联合内阁论。

"五·一五事件"发生以后，作为紧急避难措施而成立的斋藤实内阁是一个拼凑而成的举国一致内阁，该内阁囊括了上述所举的三种构想，但不能满足其中任何一种构想。理所当然，随着一九三一年到一九三二年对外危机（"满洲事变"）、经济危机（黄金出口解禁与大恐慌）、政治危机（"十月事件"与"五·一五事件"）的逐步缓解，这三种内阁构想之间必然会碰撞出火花。

在第一节中，我们以民政党的"民本政治"为主轴对政党政治的全盛期进行了重新建构。按照本书的这一观点，将另外两种内阁构想联系起来，探讨一九三三年到一九三五年上述三大危机逐步消退时期，民政党与右派社民"立宪独裁"论的盛衰就成了本节的主要课题。一般的著述都会将政党政治分为两章来论述，而本书则大胆地将其全盛期和衰退期放在了同一章中论述。之所以这样做，也是因为笔者想要以民政党为主轴来通观一九二〇年代和一九三〇年代。

二 危机的退去与批判法西斯的抬头

当一九三三年过去了一半，经济危机与对外危机都开始趋于缓解的时候，以前一直受法西斯势力压制的既有政党开始了反击。一九三三年十月六日，政友会法曹团大会发表宣言称："吾遵循立国之精神，拥护宪法，反对法西斯政治，期待政党内阁迅速成立。"②

---

① 详细参见坂野润治《近代日本的外交和政治》，研文出版，1985，第 212～241 页。
② 《政友》第 399 号，1933 年 11 月，第 69 页。

第四章　政党政治的形成与崩溃

同一时期，在政友会举办的日比谷公园演讲会上，顾问滨田国松也对"法西斯"进行了批判。他说：

在"法西斯主义"产生的动机中，当然也包含对祖国的热爱，有维护民族利益之情，也有出于政治改革必要的考虑，所以即使出现这些反动思想，有时候也不得不对其动机表示敬意。……但是，法西斯主义思想如果走向极端，就会漠视舆论而走向独断，损害人民自由，最终破坏国家秩序。关于其实例诸位在最近的日本也屡屡可以看到。……这种思想日益猖獗，国民在宪法上所拥有的言论自由、集会自由、著作出版自由、居住安全乃至公法私法上的所有权利都受到了压迫，甚至被剥夺。即便如此，诸位还是认为应该忍耐吗？[1]

针对政党的这些攻击，荒木陆相用他的那篇有名的《关于军民离间的陆相谈话》（一九三三年十二月九日）进行了回应。

最近涉及预算以及其他的一些问题，出现了不少鼓动军民分离的言行。例如，说一九三六年的危机是军部所做的宣传，或者说在过去的战役中战死的都是庶民阶层，高级指挥官中无一人战死，或者说为了军事预算将农村变成了牺牲品等，诸如此类。这种军民分离运动的企图是要破坏作为国防根本的人心的和睦团结，军部断然不能视而不见。[2]

我们无法确定促使荒木公开发表这一谈话的直接原因。原田熊雄推测原因在于"民政党的中岛弥团次以及其他政党成员到处进行演讲，指责军部的暴行。宪兵队的报告刺激了有点神经质的军

---

① 《政友》第 399 号，1933 年 11 月，第 69 页。
② 《东京朝日新闻》，1933 年 12 月 10 日号。

部"①。将中岛对于"军民离间声明"的激烈反应联系起来思考，原田的推测似乎是切中了要害。据说中岛针对陆相的离间声明做了如下的阐述：

> 陆海军发表这份声明的目的何在？说一九三五年、一九六年是危机也罢，不是危机也罢，全在观察角度的不同，我等并不认为那是危机。我等基于这一信念提出自己的主张，何恶之有？陆海军称与自己持不同看法的人为非国民，真是专横至极。……暂且不说农村是否成了庞大军事费用的牺牲品……既然国家财政力量有限，那么让两者都满意的事情也只是能说而不能做。……我等即使赌上性命也要在议会决一雌雄。②

另外，民政党总裁若槻在批判政府偏重国防的时候使用了一个恰如其分的比喻"骸骨拉炮车"③，据说这也刺激了荒木陆相。

直接原因这里姑且不论。总之，在对外危机趋于缓和的情况下，军部却以一九三五年、一九三六年危机为理由要求将军费提高到占一般会计岁出的44.8%，由此而招致了政友、民政两党的强烈批判，毋庸置疑，荒木陆相发表"军民离间声明"的原因就在于此。当高桥财政大臣以军费的增加为理由，欲将土木事业费控制在上一年度一半（九千六百万日元）的时候，荒木陆相在内政会议上说："制定预算无视处于国防第一线的农村，真是岂有此理"，对要求恢复农村预算的后藤文夫农业大臣施以了援助。④但是，政友、民政两党却批评荒木的努力是本末倒置，

---

① 原田熊雄：《西园寺公与政局》第三卷，岩波书店，1951，第202页。

② 《政界情报》，1933年12月12日，国立国会图书馆宪政资料室所藏《斋藤实文书》，1517之1。

③ 《政界情报》，1933年12月12日，国立国会图书馆宪政资料室所藏《斋藤实文书》，1517之1。

④ 《东京朝日新闻》，1933年11月21日号。

指责其"只不过是为了躲避对军事预算的非难而采取的权宜之策"。还有，一九三五年、一九三六年危机既然与海军裁军条约的废除问题相关，那么，海军军扩就要优先于陆军。在五相会议上，荒木陆相同意将"满洲事变"的预备费中的一千万日元转拨给海军，这也成了政党批判陆军的一个原因，即"既然陆军有如此宽裕的经费，为何不充实荒木陆相常说的后方的国防力量的农林预算呢？"① 如此，荒木陆相的"军民离间声明"又进一步诱发了政友、民政两党对军部的批判，在第六十五次议会上，政党对军部的谴责"比预想的还要激烈""对于那些素日对军部怀有不满的人来说真是太痛快了，感觉就像是发泄了积压许久的不满"②。

三 联合内阁（政民提携）构想

一九三三年底陆军与两大政党之间对立的激化，激活了举国一致内阁时期出现的"立宪独裁""联合内阁""宪政常道"这三种政治体制构想。我们的分析先从朝鲜总督宇垣一成等人推进的"联合内阁"构想开始。

一九三三年十一月底曾任满铁理事的大藏公望在朝鲜首都（现在的首尔）拜访宇垣时，听宇垣说了这样的一段话：

> 帮助我的主要有伊泽、小泉策、富田、儿玉等，军部那边有南大将、阿部大将。林大将也一直受到我的关照，想必他不会对我反感。军部中发自内心真正支持荒木的好像还不到百人，我确信十人中有九人以上会站到我这边来，我的势力也会慢慢地在军部中得以恢复。至于让谁来担当顾问还没有定好，不过我想还是

---

① 《政界情报》，1933 年 12 月 12 日，国立国会图书馆宪政资料室所藏《斋藤实文书》，1517 之 1。
② 《政界情报》，1934 年 1 月 20 日，国立国会图书馆宪政资料室所藏《斋藤实文书》，1517 之 2。

拜托你最好。希望你能把东京的情况直接告诉我。[①]

一九三四年一月荒木陆军大臣辞职后，因为继任问题发生了排挤真崎的事件。众所周知，这便是宇垣这一构想的开始。本来已经决定真崎就任陆军大臣，真崎答应"不反对我所信赖的三位长官的决议"[②]，但三天后政府宣布由林铣十郎就任陆军大臣。真崎在日记中愤懑地写道"对于南次郎这样的卑劣汉当予以唾弃"[③]。当然，荒木还是现役，并且居于军事参议官之位，真崎就任教育总监，掌控青年将校很方便，而林陆军大臣本人态度又尚不明确，所以还不能据此就断定"皇道派"已经败北。但是，结合前面《大藏公望日记》里的记述来看，林铣十郎就任陆军大臣一事，显然是宇垣、南阵营反击的第一步。

作为援助宇垣的政党人士之一，前面的《大藏公望日记》里也提到了富田幸次郎的名字。富田在第二次若槻内阁的末期为了政民联合内阁的成立而积极奔走，甚至还与政友会的久原房之助交换了备忘录。同一时期，宇垣自己也在为联合内阁的实现竭尽全力。毋庸置疑，如果宇垣出马的消息泄露出去，那么，民政党、政友会两党内部的政民提携论者就会行动起来。一九三三年底的《政界情报》刊登了这样一则消息：

> 宇垣总督在政民提携运动中非常引人注目，这是人们得知政友会、民政党中拥戴宇垣的人越来越多的缘故。要想实现政民联合，以铃木总裁为雁首恐生障碍。民政党提出宇垣总督是最合适人选。……政友会中，久原、冈崎、山本（悌）、望月氏等人似乎也有这样的想法。[④]

---

① 日本近代史料研究会编《大藏公望日记》第一卷，日本近代史料研究会，1973，第170页。

② 伊藤隆等编《真崎甚三郎日记》第一卷，山川出版社，1981，第125页。

③ 《真崎甚三郎日记》第一卷，第127页。

④ 《政界情报》，1933年12月22日。

第四章　政党政治的形成与崩溃

所谓政民提携运动，是从前述两党的"反法西斯"运动中派生出来的，并不是经由富田、久原阵营这一旧联合内阁派之手的推动才开始的。在一九三三年十月三十日召开的民政党少壮代议士大会上，虽然也论及"政党联合乃至提携"，但其目标格调很高。①

1. 为了政党的再生、宪政的拥护，与天下同志广泛提携，并为之奋勇前进。
2. 充分讨论国际政治局势及国防问题。
3. 努力确保言论自由，消除社会不安。

这些少壮有志者在十一月六日再次集会，制定了"与政友会有志者恳谈"的方针，并决定本月十六日与船田中、芦田均等政友会有志者举行会谈。这次"十六日大会"以民政党少壮派高桥守平、多田满长等为中心，聚集了民政党党员十九人、政友会成员十一人。大会还决定了在十一月二十七日再次举行集会，但自那以后，其动向便不甚明朗。之后作为政民提携论的中坚力量逐渐受到人们关注的，是以政友会的木下成太郎等为首的'大同团结'运动，尽管在出席"十六日大会"的政友会会员名单中没有他们的署名。说到'大同团结'运动，随着"床次、久原派是运动核心"的猜测成为人们的普遍共识②，宇垣与运动的关系也成了人们议论的话题，出现了"宇垣朝鲜总督……与近来正处在政界舆论旋涡中的政党的'大同团结'运动一脉相通"的猜测。③对此，在一九三四年二月二十一日召开的政友会与"大同团结"派的集会上，作为发起人代表的木下成太郎不得不站出来辩解："社会上流传着各种各样的说法，或以为'大同团结'运动的目的是推举床次氏，或称此次运动是久原氏一国一党论的前提，更有甚者说'大同团

---

① 《民政》第 8 卷第 1 号，1934 年 1 月，第 137 页。
② 《政界情报》，1934 年 2 月 8 日。
③ 《政界情报》，1934 年 2 月 5 日。

结'是拥戴宇垣氏的运动等，误解颇多。我等发起运动并不是出于这些目的。"①

一九三四年三月十七日召开的"政民两党有志恳谈会"应该是前面提到的"十六日大会"即政民提携运动与政友会有志派"大同团结"运动的合流。因为在这次集会上，"大同团结"派的木下成太郎代表政友会致辞，另外"十六日大会"的核心人物多田满长对协议内容进行了提议。②

对于这一既具有反陆军的民党联合性质又带有拥立宇垣运动性质特点的政民提携运动，希望建立政友会单独执政内阁的铃木总裁等人，逐步加大了对其反击的力度。据说在一九三四年三月二十一日第三次政民提携恳亲会召开前夕，政友会的山口干事长曾禁止其干部出席该恳亲会。③ 面对这样的情形，政友会的主流派站出来表明其立场，称"政党的提携除了协商政策以外别无他物"。他们提出的方针是将政民提携退后一步，仅限定在政民政策协定的层面上。④ 就这样，政民两党首脑开始了关于政策协定的商讨，同时不得不中止原定于四月二十日举行的政民提携恳亲会。⑤ 大概就是在这个时候，宇垣一成对"政党联合提携运动"提出了批评。他在日记中写道：

> 近来"政党联合提携运动"被视为政界的一大问题，人们传言其基本动机乃谋求政党政治的复活。如果这是事实，那么说明彼等依然没有大彻大悟，没有从自我本位的旧壳中脱离出来，回归到国家本位、国策本位上来。处于现在的时局，必须实行于邦家有利的国策，这应该成为基调，离合聚散、进退归隐必须受此约束，这才是正论。这是恢复政党信誉、复活政

---

① 《以政党合作提携为目的的有志者大会始末报告》，《斋藤实文书》，第 1531 页。
② 《民政》第 8 卷第 4 号，1934 年 4 月，第 88 页。
③ 《政界情报》，1934 年 3 月 24 日。
④ 山本条太郎传记编纂会编《山本条太郎传记》，1934，第 872 页。
⑤ 《政界情报》，1934 年 4 月 21 日。

党政治的便捷之路。要做到党人诸君都能有此觉悟，尚需时日和历练。①

　　乍读起来，这段记述似乎是对整个政民提携运动的否定评价，但其实宇垣批评的是政民提携运动因为两党高层的内部问题而被迫中止、倒退到了提携仅仅是政策方面的提携，政友会的主流又开始走上了"宪政常道"的老路。这一点通过我们前面的考察可以看得很清楚。

　　如上所述，宇垣通过政民提携运动在众议院打下了坚实的基础，并且试图凭借这一举动一举挫败陆军内部荒木、真崎派的势力。但是，仅靠既有政党的重新组合是不可能获得陆军内部反"皇道派"势力支持的。前述《大藏公望日记》里有关于宇垣委托大藏成立"顾问"组织的记述，大藏公望回京以后，在与矢次一夫一起创立国策研究会的同时，也一直在为宇垣的出山奔波尽力。他预测，如果斋藤内阁辞职，"大任当降于宇垣氏"②。缘此，我们认为大藏的国策研究会活动至少在当初是宇垣政权构想的一部分。

四　"圆桌巨头会议"（立宪独裁）构想

　　但是，大藏等人的国策研究会并不是因为期待建立"联合内阁"才接近宇垣的。他们在考虑建立一种超越单纯政权构想的政治体制。基于这一观点，他们开始与合法的无产阶级政党社会大众党及新官僚接近，并且也开始与美浓部达吉、小野塚喜平次（东京帝国大学校长）等知识分子接触。

　　国策研究会的矢次回顾说："我和大藏在今年（一九三四年）六月登门拜访了美浓部达吉博士，又在七月三十日在帝大拜访了帝大总长小野塚喜平次博士，为研究会的成立寻求帮助。此后，美浓部博士与小野塚博士常常出席研究会，与许多委员相互交换意见。

----

① 《宇垣一成日记》第二卷，第 977 页。
② 《大藏公望日记》第一卷，第 241 页。

在现存的记录中，有美浓部关于贵族院改革论的讲演、小野塚的行政机构及政治改革意见等，即使今天重新读起来，依然觉得这些文章雄辩有力。"① 除了有若干日期记述的出入之外，这段回忆文章与《大藏公望日记》完全契合。根据《大藏公望日记》的记述，矢次与大藏拜访美浓部，听取"关于完善我国政治机构的意见"，不是在六月，而是在五月二十七日。一周以后即六月四日美浓部在国策研究会进行了题为"关于政治机构改革的讲话"的演讲。另外，矢次与大藏去研究室拜访帝大校长小野塚喜平次也不是在七月三十日，而是在五月三十日。②

另外，国策研究会与统制派的核心人物永田铁山也保持着联系。据说永田在一九三四年一月末拜访真崎以后，即"极力主张有必要在陆军省内设立国策研究机构"③。虽然这个"陆军省内"的"国策研究机构"与矢次等人的国策研究会并不是同一个机构，但是两者之间有着相当密切的关系。因为一个月后，当大藏公望拜访永田铁山、邀请他加入国策研究会的时候，永田以"军人原则上不干预政治"为由拒绝了大藏的邀请，但是约定要"从预备军人中推荐合适人选"④。

如上所述，在斋藤内阁末期，以大藏、矢次等人的国策研究会为媒介，右边是朝鲜总督宇垣一成、军务局长永田铁山，中间有美浓部、小野塚等自由主义知识分子，左边有麻生久、田所辉明、龟井贯一郎等社会大众党干部，这些人围绕着政治机构的改革问题，间接地加强了彼此间的接触。其中，关于统制派与社会大众党的接近我们在前面已论述。至于美浓部参与国策研究会一事，或许会让人感到有些奇怪，不过，正如我们在第三章中分析的那样，在政党内阁末期，美浓部虽然还是一个立宪制的拥护者，但已经不再是政党内阁制的忠实支持者了。当犬养率领的政友会偷袭了第二次若槻

---

① 矢次一夫：《昭和动乱私史》上卷，经济往来社，1971，第100页。
② 《大藏公望日记》第一卷，第240～243页。
③ 《真崎甚三郎日记》第一卷，第133页。
④ 《大藏公望日记》第一卷，第207页。

内阁的后院，并按照"宪政常道"（两大政党制）的精神即刻解散众议院之时，美浓部这样写道：

> 大学新闻报委托我就众议院解散一事写点自己的感想，我只能说为日本的政治而感到可悲。日本的议会制度现在尚未完全确立起来，却已经是弊害百出，几乎陷入了僵局，这不能不让人担心，照此下去结果只能是没落。究竟是政友会获胜还是民政党占据多数，大选的结果无法预测，但是无论怎样，我们都不可能期待太多。目前的形势可谓是政党政治的前途难见光明，而法西斯政治的危险却迫在眉睫。[1]

政友会在第十八次大选中以压倒性的优势获胜，政友、民政两党几乎独占了全部议席，这一结果并没有使美浓部看到政党内阁制的光明，相反，在他看来，这一结果包含一些"恐怕引起对选举制度本身，进而对议会制度本身不信任"的因素。[2] 对于对政党内阁持如此批判态度的美浓部来说，在"五·一五事件"之后出现斋藤实的举国一致内阁，未必是一件应该被否定的事情。他这样论述道：

> 我们不是社会上众多政党否认论者的支持者，也难以对所谓的法西斯主义运动表达太多赞意。我们欲坚持拥护立宪政治的原则，再次倒退回旧时代那种独裁专制政治是我们所不能容忍的。然而，我们也不愿意看到如同从前那般，政党政治纵然出现了难以容忍之弊害，也不得不予以承认。我们怀疑，为了消除这些弊害，难道不应该对现今立宪政治的原则进行些许更改吗？[3]

美浓部在这里所提倡的"立宪政治原则"的"些许更改"，主

---

① 美浓部达吉：《议会政治之探讨》，日本评论社，1934，第279页。
② 《议会政治之探讨》，第287～288页。
③ 《议会政治之探讨》，第305页。

要是指"关涉国防、外交、财政、经济等的根本方针，应设立一个不会因为内阁的更迭而动摇的超党派的、永久性会议，由这个会议决定的方针应当具有约束内阁的力量，内阁必须遵从会议的决定并执行之"①。而且正如前面提及的那样，提倡设立永久性国策决定机关是基于对当前状况的判断，这一点非常重要。"在当今的实际政治生活中势力最为强大的，毫无疑问当数在众议院中占绝对多数的政友会以及'满洲事变'以后迅速崛起的军部。很难相信政友会和军部会对斋藤内阁的成立感到十分满意。"② 在这两大势力之中，美浓部视荒木率领的陆军为法西斯，同时他也讨厌占有过半数议席的政党政友会，视其为腐败的既有政党。美浓部是基于这样的看法才提倡设立一个能够"约束内阁的""超党派的永久性会议"的。

美浓部在政党内阁的崩溃期就已经表明了其"立宪独裁"的立场。在冈田内阁成立前后，当国策研究会的大藏、矢次向他提出合作请求的时候，美浓部更进一步明确了这一立场。首先，美浓部明确否定了"宪政常道"论。"谈到有议会基础的内阁，在如今的议会里，不用说肯定是政友会内阁。但是，政友会是否真正能够肩负起拯救国难的重任，赢得国民的信赖，还很值得怀疑。我们看到了太多政党政治的弊害。……现在即使有人站出来说要相信政党，那也只能说是一种勉为其难的要求。"③ 尽管美浓部说的是政友会内阁，但其实他否定的是政党内阁。美浓部的提议是要设立一种"由各个政党首领、军部首脑、实业界代表以及劳动阶级的代表等参加的圆桌巨头会议"机制。④ 前面提到的"约束内阁"的"超党派的、永久性的会议"在这里得到了进一步发展，具有了职能代表的特点。

国策研究会的大藏、矢次接近公开表明上述立场的美浓部，这

---

① 美浓部达吉：《议会政治之探讨》，日本评论社，1934，第310页。
② 《议会政治之探讨》，第315页。
③ 《议会政治之探讨》，第37页。
④ 《议会政治之探讨》，第38页。

是一种自然而然的结果，因为大藏等人也正在"以拥护宪法、抑制政党的专横、反对法西斯三大纲要为核心""研究国家改造重建的根本"①。

　　旨在切断与法西斯即皇道派以及现有政党即政友会之间关系的"圆桌巨头会议"构想，在后来的冈田内阁执政时期以内阁审议会的形式得到了实现，当然审议会是除去了"劳动阶级代表"的审议会。但是，如果将社会大众党视为"劳动阶级代表"的话，那么，其实"劳动阶级代表"也没有被完全排除在体制改造计划之外，因为前面我们已经看到了该党的领导干部参加了大藏等人的国策研究会。社会大众党在一九三三年七月的第三次中央执行委员会上还提出了设立"国民经济会议"的构想。根据这一构想，"国民经济会议"是一个国家常设机构、决议机构，而不仅仅是一个咨询机构，"政府提出的重要法律草案在提交议会之前必须先咨询本会议"，"本会议的决定事项作为法律草案如果提交帝国议会三次，那么议会即负有使其通过的义务"。另外，"国民经济会议"由一百名"工人团体、农民团体、技术工人团体、地主资本家团体、同业组织、产业组织、工商业组织"等职能团体代表和一百名地方代表为中心，再加上一百名专门委员、政府代表、陆海军代表、殖民地代表等，共计三百人组成。②

　　与社会大众党一直保持着密切关系的日本劳动总同盟虽然批评了内阁审议会的不彻底，但基本上也是支持这一构想的。一九三五年六月的《劳动》杂志论述道："在自由主义的旗帜下发展起来的一般地方议会……因游离于一般大众，故而资产阶级化甚为严重。……当地方议会不能发挥其原有作用的时候，如果审议会能够在真正意义上由所有阶级的职能代表组成，那么，多少也具有了一些弥补其缺陷的政治意义。"当然，总同盟对于成立以后的内阁审

---

① 《宇垣一成日记》第二卷，第 965 页。

② 《社会大众党第三次中央执行委员会本部报告及决议案》，1933 年 7 月 22 日。国立国会图书馆宪政资料室所藏《林虎雄文书》四。

议会将工人代表、农民代表排除在外的做法给予了严厉的批评，不过，关于这一构想本身，承认了其"在社会改革过程中发挥了过渡性的作用"①。

美浓部的"圆桌巨头会议"与社会大众党的"国民经济会议"，一方是对内阁制度的修正，另一方追求的是议会制度的改革，二者之间尽管有所不同，但是在试图将职能代表制度融入常设国策决定机构这一点上存在相通之处，其与一部分官僚开始讨论的"经济参谋本部"论也是一脉相通的。可见，以国策研究会为媒介，新官僚与自由主义知识分子以及合法的无产阶级政党的体制构想表现出相互接近的迹象，而在冈田内阁成立以前，宇垣一直背负着他们的期望。

五　宪政常道论与国体明征

一九三五年五月，在冈田内阁之下设置了内阁审议会和内阁调查局。其中，内阁调查局成了后来企划院的原型，而内阁审议会则具有新官僚、民政党和社会大众党通过相互提携使"民本政治"得以再现的一面。前面介绍过的英国国民自由党下院议员皮卡林在民政党党员中有很多朋友，他在一九三六年出版的著作中对内阁审议会做了如下的评价：

> 推动设立内阁审议会的那些人，他们的真正目的是要设立一个优越于所有政党的永久性的机构，以保证类似现在冈田内阁一样的内阁继续存在下去。正因为如此，他们才期盼审议会能够代表国民中所有的不同要素。……金融界、产业界、农业界、政界等所有方面都与内阁、陆军、海军、官僚们合作，去执行那些内阁审议会认为是最善之国策的决定。……设立的这个审议会，如今看来既不是一个永久性的机构，也没有代表国民中的所有要素。政友会似乎还在与审议会对抗。但是，毋庸

① 《劳动》第287号，1935年6月，第106页。

置疑，在当今的日本，存在着一种强烈的舆论倾向，即认为使陆海军停留在正常功能范围之内的唯一途径就是根绝政党政治。即使是在那些希望议院内阁制存续下去的人们中间，也不乏批评政党政治、希求国策统一者。追求没有政党政治的议院内阁制，这在英国人看来，无疑是等于上演没有王子的《哈姆雷特》。但是，反对军部统治的多数日本人在认真地考虑着将政党政治排除在外的立宪政治。[1]

这里描述的即使没有政党政治也希望立宪政治能够存续下去的这些人，恐怕就是民政党的高层。他们既反对政友会重新回归政权，也不赞成通过与政友会的提携实现政党内阁的复活（政民提携）。一九三五年五月，政友会刚刚表示了其不参加内阁审议会，民政党的川崎卓吉干事长就在与政友会的松野鹤平干事长会面时通告了民政党中止"政民提携"的决定。川崎这样说道：

> 迄今为止，政友、民政两党以探讨确立国策为目的，一直相互合作提携。但是这次政府以同样的目的设置内阁审议会，我党参加了，贵族却没有参加。如此一来，我党就得一面参加政府的审议会，另一面又要与站在反政府立场上的贵党合作，另行探讨国策，所以，恐怕常常会出现一些相互冲突的情形。[2]

民政党高层断绝政民提携的背后，也有为当年秋天的府县会议员选举以及来年要举行的众议院议员大选做准备的打算。"既然民政党不能单独执掌天下，那么倒不如与现在的内阁共命运，在下次的大选中与政友会一战，打破政友会在议会中占绝对多数的局面，这对于民政党而言是上上之策。""政友会不参加内阁审议会是意

---

① Ernest H. Pickering, op. cit, p. 229.
② 《民政》第 9 卷第 6 号，1935 年 6 月，第 106 页。

料之中的事"，所以"有必要采取除政友会以外的举国一致形式"，这样的主张在民政党高层中开始占据多数。①

民政党支持内阁审议会而断绝了与政友会的提携，强化了政友会内部"宪政常道"论者的立场。早在一九三五年一月的党大会上，若宫贞夫干事长就对政友会的"宪政常道"论做了如下定型化的阐述：

> 官僚驱使政党，为了维持政权强行兜售口头上的举国一致，此乃对民意畅达的一大损害。国民对于这一点已然非常清楚。在立宪政治之下，在代表国民的众议院中拥有多数席位的我党，立足民意，团结一致应对问题，何人能妨碍？我党必须发挥我党秉持正义的威力，顺应国民的期待，为"宪政常道"的复归而努力。②

但是，第二年即一九三六年，现任议员的任期将满，无论众议院是否解散都要举行大选。如果政友会在这次大选中败北，那么也就意味着"宪政常道"论反而会使政友会远离政权。而且，如果大选是在力图整顿选举秩序的新官僚的监督之下进行的，那么，支持内阁审议会、与新官僚站在同一条战线上的民政党、社会大众党就可以在压倒性的有利形势下展开选举战。如此，处于窘境的政友会就必须趁着在众议院还占有过半数席位的时候推翻冈田内阁，凭借"宪政常道"论成为下一届政权的执政党，以应对一九三六年的大选，除此之外再没有其他选择的余地。

为了能够在大选之前迫使冈田内阁下台，使自己成为下一届政权的执政党，政友会选择的战术是攻击"天皇机关说"。战后的日本近代史学中一直没有去设想诸如"宪政常道"与"国体明征"捆绑在一起的情形。因为，一般都认为前者是自由主义者的口号，

---

① 《政界情报》，1935 年 4 月 19 日，《斋藤实文书》1517 之 4。
② 《政友》第 415 号，1935 年 2 月，第 4～5 页。

而后者则是超国家主义者的口号。但是，正如我们在第一节中看到的那样，政友会在田中义一内阁时代就已经将"国体"论放在了首位，对民政党的"议会中心主义"进行了攻击。虽然犬养内阁因"五·一五事件"倒台，但并不能因此就说政友会是一个自由主义的政党。对于针对犬养内阁发动的恐怖袭击，陆军青年将校安藤辉三也是反对的，关于这一点前面我们也已经提到过了。政友会的"宪政常道"论，不外乎就是主张在众议院拥有过半数席位的政友会应该成为执政党。对于政友会而言，"国体"论与"宪政常道"论并不存在任何矛盾。

另外，正如我们所观察的那样，被政友会当成攻击目标的"天皇机关说"的提倡者美浓部达吉也绝不是政党内阁制的一贯拥护者。美浓部公然反对由保守的、包含右倾势力的、党利党略优先的政友会来组建政党内阁。他与始终坚持政友会内阁要优于官僚内阁的石桥湛山，所持立场显然不同。

美浓部提倡的"圆桌巨头会议"是冈田内阁以及民政党所主张的内阁审议会构想的原型。美浓部之所以成为政友会的攻击对象，原因之一就在于他们之间围绕政治体制存在着观点上的对立。事实上，政友会内部以山本悌二郎为中心的右派势力很早就开始攻击"天皇机关说"。不过，这种攻击成为政友会全体的核心政策，还是在一九三五年五月以内阁审议会的设置为契机，民政党向政友会发出断绝合作通告以后的事情。同年三月二十三日，国体明征案在众议院获得通过，这件事虽然是由政友会一手促成的，但始终还是建立在政友会与民政党、国民同盟相互协调的基础之上的。在这个时点上，党干部的立场毋宁说是被动的。[①] 即使是在政友会内部，也依然有很多人认为"美浓部博士的'天皇机关说'虽然不稳妥，但是作为必须拥护议会政治的政党人，如果将其作为院内问题一概予以反对的话，就等于自己成了否认议会的推手，最终被人当成法西斯的爪牙来利用，所以不能轻率地参与山本等人

---

① 《反美浓部运动概说·其7》，1935 年 3 月 26 日，《斋藤实文书》，第 1767 页。

的运动"①。

　　一九三五年五月九日铃木总裁正式拒绝了冈田首相发出的参加内阁审议会的邀请，从这个时候起，政友会才开始真正集中火力对"天皇机关说"展开攻击。"政友会总裁本人自不必说，党员中也不能有任何人答应贵内阁的要求"，铃木总裁在拒绝参加内阁审议会的同时，也就"天皇机关说"问题进行了警告："政府对美浓部氏的著述只不过是做了事务性的处理，根本想不出任何积极的处置办法，地方长官会议也没有对其表明态度，令人遗憾。……此时政府应该迅速积极地采取果断措施，除去祸根"②。可见，拒绝加入内阁审议会与对"天皇机关说"展开攻击是同步而行、缺一不可的。

　　这样，以内阁审议会的设立为转折点，民政党与新官僚、社会大众党一起确定了共同对付政友会的方针，试图在冈田内阁执政的一九三五年秋天，府县会议员选举及一九三六年第十九次众议院大选时一举将其打败。但与此同时，政友会也开始利用"天皇机关说"问题给冈田内阁施压，试图在第十九次大选前在不解散众议院的情况下迫使冈田内阁辞职。与预算案的否决以及对设置内阁审议会、调查局的反对等问题不同，内阁是不可能以解散议会的形式去应对针对"天皇机关说"的攻击的。作为政党，对"天皇机关说"的攻击无异于一种自杀行为，但是对于走投无路的政友会而言，是一种不得已的选择。

　　当政友会被迫做出上述痛苦抉择的时候，陆军皇道派也在攻击"天皇机关说"的问题上寄予了"收复失地"的希望。自从前年年底发生士官学校事件以后，真崎在陆军内部的处境便开始不利。相反，为真崎所憎恶的"国家社会主义"者永田军务局长在陆军内部的影响力却在扩大。一九三五年五月真崎也开始考虑要发动"政变"，一举扭转逆境，拥戴荒木内阁上台。他已经做好了思想

---

① 《政界情报》，1935 年 3 月 19 日。
② 《政友》第 419 号，1935 年 6 月，第 46 页。

准备，预料到自己"最糟糕的情形"是辞去教育总监一职。①就在这个时候，民政党对政友会发出了断绝合作的通告，政友会作为完完全全的在野党陷入了孤立。于是真崎等人主张在攻击"天皇机关说"的问题上应该与政友会合作，开始"努力地促使政友会一心一意在'天皇机关说'问题上向前迈进"②。

在政友会中，对皇道派与政友会的提携态度最为积极的是久原房之助。直到政民两党决裂的前夕一直还在试图通过政民提携来拥戴宇垣出山的久原，这时却变成了皇道派与政友会合作的积极拥戴者。对于久原的这种转变，经纬不甚清楚，不过这种转变与他主张的陆军、众议院联手抱成一团的"一国一党"构想并不矛盾，而且对于久原而言，可能也有必要通过与皇道派的合作来扭转其因政民提携受挫而在党内处于劣势的局面。一九三五年五月十一日，政民提携的失败已成定局，久原通过森向真崎提出合作请求，称"光靠政党无法作为，光靠军队也不行，二者必须合作"。对此真崎虽然表示"作为军部或军人，不可有与政党提携之类的言论"，但又说"总之，若贵党强烈主张正当的事情，军部自然也会在无形之中产生共鸣"，以积极的态度对提携表示了默许。③一周以后，真崎又直接与久原会面，"解释了海军与陆军的行动概要，促其奋起"，希望通过攻击"天皇机关说"形成倒阁共同战线。④

国体明征运动对于皇道派而言，是一次旨在确立荒木—真崎体制（以荒木为首相、真崎为陆相）、以扭转其劣势的倒阁运动。于政友会而言，则是一次要求冈田内阁不解散议会而下台的运动。这样，在接下来的"政变"过程中，对握有后任首相举荐权的元老、重臣开展工作就变得重要起来。皇道派与政友会在这一点上都制定了"胁迫"的方针。政友会这边，铃木总裁在一九三五年六月二十日举行的例行干部会上发言称"所谓重臣集团萎缩保守的消极

① 《真崎甚三郎日记》第二卷，1981，第97页。
② 《真崎甚三郎日记》第二卷，1981，第97页。
③ 《真崎甚三郎日记》，第96页。
④ 《真崎甚三郎日记》，第104页。

方针会妨害国运的发展，与我党的积极方针背道而驰。我们相信对于这样的指导精神必须摒弃之"，在二十一日的临时总务会议上又决定了如下的"新指导方针"：

1. 国体明征，反对天皇机关说。
2. 确立责任政治。
3. 反对追随外交，确立自主外交。
4. 通过积极政策贯彻兵农两全主义。要努力贯彻以上四项大方针。若有反对者，即使是重臣，为了国家也要毫不犹豫地予以反对。①

政友会对重臣集团的这种排斥是在与真崎等皇道派保持密切联系的状态下进行的。② 所谓重臣集团指的是"以齐子、牧伯为首，包括冈田、高桥、大角、床次、一木、铃木贯一伙，再加上一部分新官僚，属于这一范围的或是能够与之接近之辈"③。其中不少人在"二·二六事件"中成了青年将校的袭击目标。

如果把处在"天皇机关说"攻击旋涡中的美浓部达吉放到"重臣集团"的阵营里，那么，受到皇道派和政友会攻击的一方所具有的性格特征就会清晰地显现出来，即组成"重臣集团"的都是冈田内阁的支持者，他们都希望通过内阁审议会来打破政友会对议会的控制，并试图确立起部分军人、新官僚、民政党和社会大众党对议会的支配格局。在皇道派以及右翼看来，这个集团是"民主主义与军队的提携"④，而在拥有过半数议席的政党政友会看来则是"轻视议会制度"、谋求"行政部专横"的"官僚法西斯"。⑤冈田内阁面向一九三五年秋将要举行的二府三十七县府县会议员选

① 《政友》第 420 号，1935 年 7 月，第 50～51 页。
② 《真崎甚三郎日记》第二卷，第 97 页。
③ 《宇垣一成日记》第二卷，第 1025 页。
④ 《真崎甚三郎日记》第二卷，1981，第 97 页。
⑤ 《政友》第 419 号，第 13～14 页。

举以及第二年的第十九次众议院大选组织的选举整顿运动，也具有上述的两面性。社会大众党在一九三五年七月发出通告，指令要"对选举整顿运动给予合作"，呼吁"不需要整顿的政党唯有我党，我党各府县联合会要明确我党的这一立场，积极参加选举整顿地方委员会"①。社会大众党对于"新官僚的进出""显著动摇了既有政党的地方政治的统制能力"持欢迎的态度。② 但是，靠内务省—府县知事—市町村长这些官僚机构组织起来的选举整顿委员会，以及由帝国教育会、中央教化团体联合会、中央报德会、全国町村长会等十三家团体构成的半官半民性质的"选举整顿中央联盟"来推动的选举整顿运动，对议会政治的发展是不可能有益处的。"何谓选举整顿？此乃官僚诅咒议会政治的一个标语。同时也是政府压迫、干涉反对党的常用手段。"③ 一名政友会代议士如此率直的发言精确地道出了选举整顿运动的性质。冈田内阁本身就兼具了"民主主义与军队提携"的一面和"官僚法西斯"的一面。

以成立内阁审议会和进行选举整顿为其代表性政策的冈田内阁，之所以被陆军皇道派批评为民主主义与军队的提携，最大的原因就在于这两条基本路线是在合法的无产阶级政党的支持下推行的。社会大众党的龟井贯一郎回顾说："我说这话可能有点奇怪，不过初期的冈田内阁如果不是因为'二·二六事件'倒台，那倒是一届相当不错的内阁。"④ 社会大众党在一九三六年二月二十日举行的大选中获得了六十二万三千张选票，有二十二人当选为议员。在以往的大选中，合法的无产阶级政党获得的票数最多也只在五十二万张以下，议员当选人数最多的时候也只有八人。如果考虑到这一点，龟井的话也就不难理解了。

社会大众党对冈田内阁的这种支持以及其在一九三六年二月大

①　《社会大众党选举通告第三号》，1935 年 7 月，《林虎雄文书》八。

②　《社会大众党府县选举统制大纲》，1935 年 10 月 20 日，（同前）。

③　《政友》第 420 号，第 26 页。

④　日本近代史料研究会编《龟井贯一郎氏谈话速记录》，龟井贯一郎研究会，1970，第135 页。

选中出现的飞跃，从其主要的支持基础——工会运动的角度来解释可能要容易一些。因为一九三四年、一九三五年，以轻工业为中心的日本经济出现了快速增长，在这样的形势下，社会大众党的基础之一日本劳动总同盟不仅壮大了其组织，而且在大选前夕还吸收了"全劳"（全国劳动组合同盟），进而发展成了直属工人人数约占组织八成的"全总"（全日本劳动总同盟）。[①]

但是，一九三六年二月二十日的大选结束后仅过了六天便发生了"二·二六事件"，冈田内阁被迫全体辞职。以后的日本政治便朝着以近卫文麿为中心的新政治体制的方向发展下去。后来发生的事态虽不能说与本章的分析全然无关，但与本书的整体构想可谓相去甚远。

正如本章所揭示的那样，如果以具有新自由主义性质的民政党和具有民主社会主义性质的工人运动对保守政党政友会的对抗为主轴，来描述一九二四年到一九三二年的政党内阁时期的话，可以发现这一时期与政党政治崩溃期（从"五·一五事件"到"二·二六事件"）的政治存在着相当大的连续性。在"二·二六事件"发生六天前举行的大选中，民政党与社会大众党两党在四百六十六个议席中占了二百二十七席，而政友会只获得了一百七十四席。

然而，此时民政党的政权复归也已是最后一次了。相反，脱离民政党、将赌注压在近卫新体制上的社会大众党却在一九三七年的大选中获得了约九十三万张选票。民政党与冈田内阁共命运，而社会大众党在其没落后通过转向扩大了自己的势力。本章的分析一直以（宪政会）民政党与右派社民的提携为主线，本章可以将致使政友会内阁垮台的一九三二年的"五·一五事件"纳入分析的范畴，却不适于叙述"二·二六事件"以后出现的事态。

笔者从一八七五年大阪会议后开始的"自上而下的民主化"写起，一直写到一九三六年二月冈田内阁垮台，用一句话来概括，即本书是围绕着英国模式的议院内阁制展开论述的，并对其左右两

---

① 山川均：《共产党的进退与展望》，《改造》第18卷第4号，1936年4月，第81页。

翼进行了同等程度的分析。自一八七九年福泽谕吉撰写《民情一新》，英国模式的议院内阁制开始成为人们自觉追求的目标。一八八一年三月大隈参议提出的建言书促使其成为一个现实的、有望实现的政治选择。但是，在此之前，即一八七五年前后出现的"自上而下的民主化"构想也具有历史意义。福泽、大隈的英国模式的政治体制论由于"明治十四年政变"一度遭受了挫折，但在一八九〇年议会开设前后又得以复苏。一八九三年二月《和协诏敕》颁布以后，英国模式的议院内阁制构想开始节节后退，一九一四年，吉野作造以二十世纪初的英国自由党为榜样将其再次建构起来。一九二四年护宪三派内阁成立以后，吉野的"民本主义"成了现实的、强有力的政治体制论，坚持民本主义的核心力量是（宪政会）民政党，总同盟等右派社民对其给予了协助。作为现实的政治体制，与吉野构想最为接近的是一九二九年成立的滨口内阁。但是对于一九三四年成立的冈田启介内阁，也可以认为其是对英国模式议会政治的修正，当然前提是要做好"上演没有王子的《哈姆雷特》"的思想准备。"二·二六事件"冈田内阁被推倒以后，即使是没有王子的《哈姆雷特》，其上演也变得越发困难了。

岩波现代文库版后记

本书出版发行于一九九六年。我在这本书里主要关注两方面的内容：其一是伴随着政权交替的两大政党制，其二是在两大政党制之下人们为改变社会经济的不平等所做的努力。前者是由福泽谕吉在明治十二年（一八七九年）明确提出来的（第二章第二节），而后者则被吉野作造视为"民本主义"的一个重要侧面（第三章第三节）。

在两大政党制之下，作为政党，真正致力于改变社会经济不平等（用今天的话来说即消除贫富差距）的是昭和初年的民政党左派。他们以英国自由党（该党曾为拥护无产阶级政党做过一些努力）为楷模，主张作为自由主义大政党的民政党应该为制定工会法、佃耕法做出努力（第四章第一节）。

十三年前写成的这本书今年即将被岩波现代文库收录。二〇〇九年的日本，虽说依然是"前途维艰"，但是明治时期的福泽谕吉、大正时期的吉野作造以及昭和时期的立宪民政党左派，这些人所追求的政治理想终于有望在这一年变成现实。不知道大选会在什么时候举行，是在本书刊行之前还是刊行之后，不过可以确定的是，以这次大选为转机，两大政党制将会成为日本政治的运作方式。

福泽谕吉的理想看起来的确是要变成现实了。但是，吉野作造以及民政党左派有关"消除贫富差距"的主张，在即将开启的两大政党时代究竟能在多大程度上得到重视，现在还是一个未知数。两大政党制的常态化赋予了国民选择政权的自由，但是依然缺乏一种保障，即保证国民选择的政权能够真心致力于消除贫富差距。

一九九六年出版这本书以后，我一直都在试图通过对日本近代史的分析来提倡"自由"与"平等"的并立。尽管要实现这一点很难，但是我们必须为之付出努力。我借历史人物之口反复强调，一个社会如果单纯强调"自由"，那么这个社会就会变成"弱肉强食"的社会；而如果单纯追求"平等"，又会陷入"全体主义"的泥淖。

从一八六八年明治维新到一九四五年战败，通观这七十七年的历史，我们可以发现，"自由"与"平等"的并立从未实现过。即使是今后，要想实现这一点恐怕也不是件容易的事情。不过，令人颇感欣慰的是，二〇〇九年八月，当本书作为文库本即将出现在更多读者面前的时候，也正是日本政治向着"自由"与"平等"并立即将迈出崭新一步的时候。本书的再版与日本政治即将到来的新变革偶然碰在同一个时点上。对于这一巧合，笔者由衷地感到高兴。

本书对于我个人的历史研究也具有非比寻常的重要意义。我属于所谓的"安保斗争挫折派"。在撰写这本书以前，我一直努力从价值中立的角度去进行历史分析。我一直告诫自己，对于保守、稳健、激进任何一派的历史人物，自己都没有批评的资格。我的处女作《明治宪法体制的确立》（一九七一年）就是基于这样的立场完成的。京都大学的永井和氏似乎与我有着相似的体验，所以他写的书评充满了善意。然而，我接下来撰写的《大正政变》（一九八二年）就没有这样好的运气了，已故的江口圭一尽管对这本书的内容表示理解，但是提出了质疑：历史学者持如此价值中立的立场是否恰当？

一九八九年柏林墙倒塌以后，除我之外，还有众多日本近代史的研究者都不得不放弃社会主义信仰，失去了对历史人物进行审判的根据。但是，就在这一时期，我反而对从价值中立的角度进行历史叙述失去了兴趣，开始意识到我不能永远都与"挫折"为伴。

一九九六年这本书出版以后，十多年来，我一直抱着将自由主义与社会民主主义结合在一起的思想信条从事历史研究。一九九〇年代苏联式社会主义的崩溃是全体主义的一种崩溃，我绝不会为其感到悲哀，但也无法因此就对拜金主义者们支配的现代资本主义给予肯定。社会主义并非全体主义的同义词，自由主义也不是金权政治的代名词。与自由主义并立的社会主义，抑或是致力于消除贫富差距的自由主义，过去存在，今后仍然会继续存在。继这本书之后，十二年间我又出版了六本著作，这些无一不是基于这一观点写就的。

本书的主人公们都是曾经活跃在明治、大正、战前昭和时代的自由主义者或社会民主主义者。他们作为"稳健派"，无论是在那个时代还是在战后的历史研究中，都没有获得过正当的评价。大正时代吉野作造的"民本主义"曾遭到共产主义者山川均的痛骂。战后，这一传统依然被承袭下来，所谓"他是社民（社会民主主义）"的说法，毋庸置疑就是一个否定性的标签。明治时期的福泽谕吉是唯一的一个例外。除福泽之外，对大正时期的吉野作造还有昭和初期的立宪民政党以及右派社民劳动总同盟等"稳健派"的研究，都是一些不受人欢迎的题目。比起"稳健派"，反倒是对保守党党首原敬以及军国主义者石原莞尔、真正的法西斯主义者北一辉等人的研究，人气要高得多。

与上述倾向背道而驰，本书用了较大的篇幅对明治时代的"稳健派"政治家、思想家井上馨，福泽谕吉以及年轻时期的德富苏峰进行了分析。至于大正时期的吉野，正如本书中业已论述的那样，因为他的"民本主义"得到（宪政会）民政党左派以及松冈驹吉等人的大力支持，民政党曾试图在昭和初期的政治中复活"民本主义"，而松冈则是在工人运动中继承了"民本主义"，所以本书将他们放在同等重要的位置上加以论述。

本书出版后不久，我即从东京大学退休，其后五年执教于千叶大学。二〇〇三年以后开始了真正的退休生活，到现在将近七个年头。不过，在这七年里，我又完成了五本著作。有这样的成绩，还得感谢三位旧友对我的批评和激励。退休时，井上雄一郎、角间孜、西久保寿彦三位好友鼓励我说，公司、大学里虽然有退休制度，但是研究者不应该有退休之说。

我们四人是高中时代以来一直交往的好友，五十多岁的时候经历过日本社会主义思潮的崩溃，七十多岁的时候又看到了资本主义的危机。在不远的将来，我们都即将踏上通往"来世"的旅途，但是，在此之前，我们都想为"现世"留下一幅值得肯定的未来构图。我们之所以能超越研究领域的不同，一直互相交流看法，就是因为有这个目的。

最后，还要对关注本书、将本书纳入文库版系列中的岩波书店的大塚茂树表达真诚的谢意。

二〇〇九年六月

坂野润治

阅读日本书系选书委员会名单

姓名	单位	专业
高原　明生（委员长）	东京大学　教授	中国政治、日本关系
苅部　直（委员）	东京大学　教授	政治思想史
小西　砂千夫（委员）	关西学院大学　教授	财政学
上田　信（委员）	立教大学　教授	环境史
田南　立也（委员）	日本财团　常务理事	国际交流、情报信息
王　中忱（委员）	清华大学　教授	日本文化、思潮
白　智立（委员）	北京大学　政府管理学院　副教授	行政学
周　以量（委员）	首都师范大学　副教授	比较文化论
于　铁军（委员）	北京大学　国际关系学院　副教授	国际政治、外交
田　雁（委员）	南京大学　中日文化研究中心研究员	日本文化

图书在版编目（CIP）数据

近代日本的国家构想：1871～1936／（日）坂野润治著；
崔世广，王俊英译. —北京：社会科学文献出版社，2014.7
（阅读日本书系）
ISBN 978 - 7 - 5097 - 6165 - 6

Ⅰ.①近…　Ⅱ.①坂…　②崔…　③王…　Ⅲ.①政治 - 研究 -
日本 - 近代　Ⅳ.①D731.3

中国版本图书馆 CIP 数据核字（2014）第 126360 号

·阅读日本书系·
近代日本的国家构想（一八七一～一九三六）

著　　者／〔日〕坂野润治
译　　者／崔世广　王俊英

出 版 人／谢寿光
出 版 者／社会科学文献出版社
地　　址／北京市西城区北三环中路甲 29 号院 3 号楼华龙大厦
邮政编码／100029

责任部门／社会政法分社　（010）59367156　　　责任编辑／胡　亮
电子信箱／shekebu@ ssap. cn　　　　　　　　责任校对／李文明
项目统筹／胡　亮　　　　　　　　　　　　　责任印制／岳　阳
经　　销／社会科学文献出版社市场营销中心　（010）59367081　59367089
读者服务／读者服务中心（010）59367028

印　　装／北京季蜂印刷有限公司
开　　本／787mm×1092mm　1/20　　　　印　　张／10.2
版　　次／2014 年 7 月第 1 版　　　　　　字　　数／181 千字
印　　次／2014 年 7 月第 1 次印刷
书　　号／ISBN 978 - 7 - 5097 - 6165 - 6
著作权合同
登 记 号　／图字 01 - 2013 - 3510 号
定　　价／39.00 元